新潮文庫

「子供を殺してください」という親たち

押川　剛著

版

目次

「子供を殺してください」という親たち

はじめに

二〇一四年七月。例年になく雨の多い夏がはじまっていました。湿度が高いせいか、日差しの強さに加えて、じっとりとした熱気まで身体《からだ》にまとわりついてきます。六月には都内の一部で大量の雹《ひょう》が降り、ゲリラ豪雨も各地で続いていました。そんな不可解な天候に不安を感じていた頃、背筋が寒くなるような陰惨な事件が起きました。長崎県佐世保市の女子高生殺害事件です。

十五歳（犯行当時）の少女が同級生を殺害し、遺体損壊までしていた……。一時期、報道番組はこの事件一色になり、多くの人が恐怖におののく中、容疑者である少女のこれまでの言動が立て続けに明らかになっていきました。小学生のときに給食に異物を混入した、動物虐待《ぎゃくたい》を繰り返していた、父親に大怪我《おおけが》を負わせるほどの家庭内暴力があった、「人を殺したい」と発言していた、などです。

少女は精神科を受診しており、主治医も危険な状況を把握していたようです。入院治療を父親に勧め、児童相談所への通報もあったと聞きます。少女の通っていた中学や高校でも、教師やカウンセラーが介入して親と連絡を取り合い、家庭訪問も行っていたそうです。

専門家を含む大人たちが、注意深く見守り、関わりを持っていたにもかかわらず、なぜ、このような事件が起きてしまったのでしょうか。

実はその「なぜ」の部分にこそ、家族の問題だけでなく、今の日本の精神保健分野が内包する大きな問題点が隠されています。

「子供を殺してくれませんか」

これは、子供の暴力や暴言に悩んだあげく、私のところへ相談に来た親たちの言葉です。そんな馬鹿《ばか》な、と思われる方もいるかもしれませんが、真実です。他にも「子供が死んでくれたら」「事故にでも遭ってくれたら」「もう自分たちが子供を殺すしかない」などという訴えも聞きます。すでに親子間で殺傷沙汰《ざた》になり、すんでのところで命拾いをしている家族もいます。

暴力や暴言と言っても、「家庭内暴力」とひと言で片付けられるような問題ではありません。その背景には、重度の統合失調症やうつ病、強迫症（強迫性障害）やパニック症（パニック障害）といった精神疾患だけでなく、不登校や無就労などのひきこもり、薬物やアルコールなどの物質使用障害（依存症）、ギャンブル・ネット・ゲームへのアディクション（嗜癖《しへき》）、ストーカー、DV、性犯罪（わいせつ、強姦《ごうかん》など）などの問題が存在します。いずれも精神科医療とのつながりを必要としながら、適切な対応がとられていません。

私が、このような患者（対象者）たちを医療につなげるための「精神障害者移送サービス」をはじめたのは、一九九六年のことです。当時は、精神疾患に対する差別や偏見が蔓延《まんえん》していたこともあり、病識（自分が病気であるという認識）のない精神障害者を医療につなげることは、今ほど積極的に行われていませんでした。

仮に家族が医療につなげたいと思っていても、その方法は限られていました。水面下では、民間の警備会社やタクシー会社が患者を簀巻《すま》きにして連れて行くような、いわゆる強制拘束移送が行われていましたが、患者の心の傷になったり、家族が逆恨みされる結果になったりと、問題の多い方法でした。

警備業を営んでいた私は、従業員が統合失調症を発症したことをきっかけに、精神障害者の移送について考えるようになりました。私だったら、拘束などせずに患者を説得して医療につなげることができる。そんなふうに思ったことから、「精神障害者移送サービス」に取り組むようになりました。

当時私は、二十八歳でした。独学ののち自信を持って飛び込んだ初めての現場では、その凄《すさ》まじさに圧倒されました。何とか患者を医療につなげることはできたものの、あとになって身体の震えが止まらず、これは大変な仕事だぞ……と実感したことを、昨日のことのように覚えています。一方で、私のやろうとしていることを必要とする家族が必ずいる、という確信もありました。そこからは模索の日々です。

経験を積むことにより、患者だけでなく「家族」というものの実態も見えてきました。いくら家族からの依頼であっても、入院の必要のない患者を医療につなげることはできません。その判断も含め問題の本質を見抜くためには、当日の説得移送だけが重要なのではなく、事前の家族へのヒアリング（聞き取り）業務や、患者に対するインスペクション（視察）業務など、調査を通じてさまざまな角度から問題を精査する必要があります。それがあってはじめて、患者と心を通わせることができるのです。

患者である子供のことよりも、世間体や自分たちの生活を優先する親の対応に、自信を失いかけたこともあります。それでも、説得によって患者が心を開いてくれたときの喜びや、彼らの純粋さ、それゆえの生きづらさなどを感じるうちに、この仕事にどんどんのめりこんでいきました。

こうして私は、これまでに千人以上の患者を医療につないできました。

二〇〇一年には、「精神障害者移送サービス」を通じて経験したことをもとに、『子供部屋に入れない親たち』を上梓《じょうし》しました。当時としてはかなりセンセーショナルな内容でしたが、出版後には、同じような問題で悩んでいる家族からの大きな反響がありました。私は改めて、これら家族の問題は決して特殊なものではなく、社会全体の問題であることを感じました。

『子供部屋に入れない親たち』を執筆していた頃には、社会を震撼《しんかん》させる事件が多発してもいました。新潟の女児監禁事件、佐賀の西鉄バスジャック事件、大分一家六人殺傷事件、西尾市女子高生ストーカー殺人事件など、いずれも加害者の心の闇《やみ》について、クローズアップされるような事件でした。

ちょうどその頃から、私のもとへもたらされる相談の内容にも、少しずつ変化が見られるようになりました。

たとえば業務をはじめた当初は、相談の大半が親からの「子供を医療につなげたい」というものでした。子供が幻覚や妄想を訴えて昼夜逆転の生活になり、家族も疲弊しきっている。何年もひきこもり、外出はおろか入浴や散髪もできていない。物を捨てることを許さず、家がゴミ屋敷になっている。「毒が入っている」と言って食事をとらないため、命の危険がある、などです。本人が受診を拒んでいることを理由に、親は世間体を気にしてひた隠しにし、問題を放置してきました。そのため、一刻も早く医療につなげることが求められ、それにより状況が改善することがほとんどでした。ところが今や、患者の抱える問題の質は、より複雑化しています。問題行動の一因に精神疾患があると考えられるものの、家庭環境や家族（親）との関係、生育歴、本人がもともと持っている性格や気質など、原因は一つとは限りません。家族が本人の言動を把握しておらず、問題の本質を捉《とら》えること自体が難しいこともあります。

親世代からしてみれば、自分たちが子供の頃とは社会環境も大きく変化し、戸惑いもあるでしょう。その一つに、インターネットや携帯電話の普及、ＬＩＮＥ、フェイスブックなどＳＮＳの登場があります。他者とのコミュニケーションが容易になった代わりに、家庭内でも「個」が尊重されるようになりました。人付き合いは密室化し、親ですら、子供が誰と何をしているのかつかめないという話も、よく耳にします。その結果、いざ蓋《ふた》を開けてみたら、家族が思うよりもっと大変な事実（犯罪など）が発覚するようなことさえあります。

それに加え、核家族化や少子化は進むばかりで、家族構造は確実に変化しています。親子間の心のつながりは弱くなり、子供の居場所がどんどん縮小されているのを感じます。子供に対して無関心で、問題行動があっても最初から諦《あきら》めているような親もいます。「子供を殺してください」というのは究極の言葉ですが、私の事務所に電話をかけてきて、いきなり「子供を手放したい」「おたくで預かってくれ」など、まるで物でも捨てるような言い方をする親もいます。

ちなみに警察庁のまとめによると、殺人事件検挙件数のうち、被疑者と被害者の関係が親族間（配偶者含む）である割合は、二〇〇四年から上昇を続け、二〇一三年には全体の五十三・五％と、半数を超えています。また司法協会の研究によると、少年（十四歳以上、二十歳未満）の殺人事件は、約十年前と比べて減少傾向にありますが、家族を被害者とする殺人事件数は逆に増加し、全体の約半数を占めるに至っています。中でも被疑者に精神科病院への入通院歴がある、家族間の殺人事件も相次いでおり、暴行や傷害など、報道されていない事件も含めれば、相当数にのぼるはずです。

第一章のドキュメントでは、複雑化した問題の代表ともいえるケースを掲載しました。個人が特定できないようディテールを変えてはいますが、すべて私が携わってきた家族の問題です。

第二章以降は、なぜこれら家族の問題がなかなか解決されないのかを、精神保健分野の現状を踏まえて、私なりに解説しています。やや専門的な内容になりますが、高度に成熟した社会では、医療や福祉のシステムも複雑化し、利用する側にも知識やノウハウが求められています。

私自身のことを言えば、年を重ねるごとにあえて難しい問題を選択し、請け負っているようなところがあります。そのため、ここに掲載した患者と家族の問題は、もしかしたら一般的ではないのかもしれません。それでも私が今回、患者や家族、そして日本の精神保健の現状をつまびらかに書こうと思ったのは、この問題が近年、大衆化しはじめていることを感じるからです。家族だけでなく、親族、友人、職場、近隣住民にまで広げて見たときには、このような問題を抱える人たちの存在が、少なからず浮かびあがってくるはずです。

成熟する社会では、人間の有り様《よう》、そして家族の有り様が変化するのも必然と言えます。それは精神保健分野においても同様です。理想に基づき効率化が図られ、システム化された体制が整いつつあります。しかしそこからこぼれ落ちる問題があることもまた、事実なのです。こぼれ落ちた問題は雫《しずく》の一滴のようでいて、実は、大きな被害を生み出す流れとなって、私たちに迫りつつあります。

冒頭に述べた佐世保女子高生殺害事件にしても、仮にもし、私が容疑者の家族から相談を受けていたら、間違いなく精神科の入院治療につなげることを勧めたでしょう。本人に直接会い、説得して医療機関に連れて行くこともできたと思います。しかしその過程においては、ひと言では言えないほどの難問が待ち受けています。

本書を読み進めることで、しだいに明らかになってくる精神保健分野の現状について、読者の皆様にも是非、ともに考えていただきたいと思います。それが、被害に遭われた少女にできる、私なりの弔いでもあります。

なお、各ケースの疾病名《しっぺいめい》や病状については、あくまでも私が携わった例をもとに記述しています。これらの疾病や障害があるからと言って、必ずしもここに書かれているような問題行動が引き起こされるというわけではありません。患者（対象者）が家族との関わりを絶ち、弊社が代わりに人間関係を結んでいるケースも登場しますが、その方法を勧めているわけでもありません。各ケースのエピソードは、あくまでも主要なものを挙げるに留めており、本人の年齢が上がれば上がるほど、書き尽くせないほどの壮絶な事実の積み重ねがあります。家族の再生どころか、身の安全すら保たれないと判断した結果の結論であります。その点をご了承のうえ、本書をお読みいただければと思います。

※本文を読む前の注釈

・精神科病院の入院制度について

精神科病院への入院形態は三つあり、本人の意思で入院するものが「任意入院」です。精神科病院の管理者は、本人の同意に基づいて入院が行われるように努めなければならず、また本人から退院の申し出があった場合も、すぐに退院させなければならない、と精神保健福祉法で定められています。ただし、精神保健指定医（以下、指定医）が、本人の医療及び保護のために退院が望ましくないと判断した場合は、書面にて十分な説明をしたうえで七十二時間に限り退院を制限することがあります。

逆に、指定医が入院の必要ありと診断しても本人が応じない場合、指定医は家族等の同意を得たうえで入院させることができます。これが「医療保護入院」です。退院も、通常は家族等の同意を得て行いますが、家庭裁判所による一名の保護者の選任がなくなった現在では、主治医と家族等の意見が食い違う場合、主治医の診断が優先されています。

もう一つは「措置入院」ですが、これは最も強制力のある入院形態です。患者による自傷他害行為や、その危険性があるときに、家族等の同意がなくても都道府県知事（政令指定都市の場合は市長）の権限により、本人を入院させることができるというものです。

ちなみに「自傷他害」の自傷行為とは、「自殺企図等、自己の生命、身体を害する行為」、他害行為とは、「殺人、傷害、暴行、性的問題行動、侮辱、器物破損、強盗、恐喝、窃盗《せっとう》、詐欺《さぎ》、放火、弄火《ろうか》等他の者の生命、身体、貞操、名誉、財産等又は社会的法益等に害を及ぼす行為」のことで、原則として刑罰法令に触れる程度の行為を言います（一九八八年四月八日付厚生省告示）。

措置診察の通報（精神保健福祉法二十二〜二十六条の三までの規定による通報等）後、まずは保健師が本人と面談をし、そこで保健師が指定医の診察が必要だと判断した場合には、二名以上の指定医が呼ばれ、診察を受けることになります。そして各指定医の診断が措置入院に該当すると一致した場合、都道府県知事または政令指定都市の市長が、精神科病院等に入院させることになります。

・疾病名の変更について
二〇一四年五月、日本精神神経学会は、精神疾患の診断基準「ＤＳＭ」が前年に改訂されたことを受け、改訂に対応した日本語病名を発表しました。ちなみに「ＤＳＭ」とは、米国精神医学会が作成し、世界で広く用いられている「精神疾患の診断・

統計マニュアル」です。

大きな変更点としては、症状の程度や出方によって「自閉症」「アスペルガー症候群」「特定不能の広汎性《こうはんせい》発達障害」などに細分化されていた「広汎性発達障害」が、「自閉スペクトラム症」として一括されるようになりました。

また、「依存症（Dependence）」が「物質使用障害（Substance Use Disorder）」に変更になったことから、「薬物依存症」は「薬物使用障害」、「アルコール依存症」は「アルコール使用障害」と呼ばれるようになりました。他にも、「○○症」（例…強迫性障害→強迫症、パニック障害→パニック症、不安障害→不安症など）に変更されています。

変更から間もないこともあり、一般の方にはまだ、これらの改称が浸透しているとは思えません。本書では、できる限り説明と共に新名称を使用していますが、分かりやすさを優先して、あえて旧疾病名のまま記述している箇所もあります。

第一章　ドキュメント

ケース1 精神障害者か犯罪者か

「統合失調症」患者の移送依頼

私はその日、都内でも有数の高級住宅街で、一軒の家を見上げていた。敷地の広さはそれほどでもないが、全体に重厚感のある家で、外壁や屋根、門扉《もんぴ》に至るまで、一級品の素材を使っているのが分かる。

この家に住む荒井慎介（仮名）の家族から移送の依頼があったのは、二日前のことである。慎介は統合失調症であり、過去に精神科病院への入院歴もあった。最近になって状態が悪化したため、再入院の説得をしてほしいというのが、依頼の内容だった。

慎介の両親は、二人とも弁護士で、共働き家庭である。妹が一人いるが、兄の暴力に耐えかねて、今はアパートを借りて暮らしている。日中は家に本人しかおらず、どんな生活をしているのか、家族も把握できていない。そこで私は、移送前のインスペクション（視察）業務に乗り出した。

前日も一日、家の近くで張り込みを続けたのだが、雨がぱらついていたこともあり、慎介の姿は見られなかった。今日は晴天で、庭のサルスベリも赤い花を揺らしている。

そのとき、ベランダに一人の男性が現れた。慎介だ、とすぐに分かった。写真で見たとおりの金髪が目立っている。慎介はしばらくベランダをうろついたあと、おもむろに空に向かって歌を歌いはじめた。

「今はやりの、ビジュアル系バンドの歌ですね」

同行していた若いスタッフが、私に耳打ちした。お世辞にも上手《うま》いとは言えないが、本人は恍惚《こうこつ》とした表情を浮かべている。かなりの大声にもかかわらず、近隣の家からはなんの反応もない。それは、慎介のそうした行動が日常茶飯事であることを示していた。家族が困り果てているのも、納得がいく。

しばらくすると慎介はベランダから消え、今度は庭に出てきた。樹木の陰からそっと覗《のぞ》くと、バットを手に素振りをしている。半裸にハーフパンツ、裸足《はだし》という格好で、ときどき独り言を言っているようだ。

（これはホンモノだな……）

私は慎介の姿を眺めながら思った。家族からはすでにヒアリング（聞き取り）業務を済ませており、彼の人物像については把握している。しかし実際にこうして本人の姿を見てみると、私の感性にびりびりと訴えかけてくるものがあった。

それから一週間かけて、私は彼の行動を追った。

慎介は、日に一度は近所の繁華街に出かけた。Tシャツの裾《すそ》をズボンにきちんと入れているのが風変わりであったが、歩くのはとても速く、身体上の合併症などは見受けられなかった。

慎介は特にCDショップがお気に入りのようで、何時間でもそこで過ごした。店内をぐるぐると歩きまわり、試聴ブースではヘッドフォンを耳にして空笑《くうしょう》を浮かべている。若い女性を見つけると、近寄って上から下まで舐《な》めるように眺めまわす。たいていの人が、慎介の様子に気付くと、不快感をあらわにして遠ざかっていった。彼には明らかに危うさが漂っていたが、私は確実に説得できるという手応《てごた》えもつかんでいた。

移送当日、私は両親に迎えられて自宅にあがった。リビングのソファに座っていた慎介は、下着しか身につけていなかった。私の姿に気付いて、ポカンとした表情を浮かべている。私はあえて無言で慎介に近づき、彼の目をじっと見つめた。事前のインスペクションで決定的な異変を目にしていたので、本当のことを言える根拠があった。

そのような場合、言葉を連ねて説得するよりも、全身を使い、空気感で相手を説得する方法もある。慎介自身が、感性や感覚の鋭い人物だろうという読みもあった。案の定、はじめは不安げにきょろきょろと視線をさまよわせていた慎介だが、やがて私自身に興味を持ったように、じっと目を見返してきた。私はタイミングを見計らい、大きな声で言った。

「慎介！　調子が悪そうだな！　病院に行くぞ！」

慎介は立ちあがり、直立不動の姿勢で「はいっ」と返事をして、大人しくタクシーに乗り込んだ。車中で入院の必要性を説き、無事に医療機関まで連れて行くことができて、私はほっと胸をなで下ろした。

エリート一族に生まれて

これまでにエリートと呼ばれる家庭はたくさん見てきたが、荒井家はその中でも群を抜いている。

両親はともに弁護士で、父親は業界屈指の法律事務所を営んでいる。複数の大手企業の顧問弁護士になるだけでなく、国の諮問《しもん》機関である委員会や研究会の委員、大学の講師も務めている。なおかつ父親の父親——つまり慎介の祖父にあたる人物は、業界では名の知られた存在だった。

母親は、もとは大手の事務所に勤めていたのだが、出産を機に退職し、復帰後は個人で法律事務所をひらいていた。今では数名の弁護士を抱えるほどになり、連日、飛び回っている。母親の実家は、都内に複数の不動産を持つ資産家であり、こちらも、親戚《しんせき》の大半が法曹関係の職に就いている。

慎介の人生は、その誕生前からすでに、弁護士になると決められていたのだ。

慎介は、全国でもトップクラスの私大の付属小学校に入学した。同級生は、大半が名のある企業家の子息で、芸能人やプロスポーツ選手の子供も多数、在籍していた。

高校の途中まで、慎介は大人しすぎるきらいはあるものの、目立った問題は特になかった。両親が言わずとも自ら勉強に励み、数学が得意で、成績は常に上位に位置していたという。

「友達が少ないことは気になっていましたが、普通の子だと思っていました」

母親は、過去を振り返ってそう言った。

そのままいけば、内部推薦で法学部に入れることは確実であり、両親はなんの心配もしていなかった。ところが、大学進学を前に急に成績が下がり出した。本人はさらに勉強に励んだが、挽回《ばんかい》できないまま、法学部への道は絶たれた。両親は、表だって彼を責めたり叱《しか》ったりすることはなかったが、落胆は大きかった。

慎介に異変が現れたのは、大学の他学部に入学した直後のことである。朝になっても起きてこず、大学を休んだ。心配した母親が様子を見に行くと、慎介は勉強机で教科書を読んでいた。教科書は上下逆さまだった。驚く母親を尻目《しりめ》に、慎介はおもむろに立ちあがり、

「これからは中国だ！」

と叫んだ。

慎介は大学を休学し、自由気ままな生活を送るようになった。「お金が欲しい」と言うので、母親は息子の代わりに貯《た》めていた貯金を崩してやった。三百万近くあったそれは、あっという間になくなった。慎介の部屋にはＣＤや音楽情報誌が、足の踏み場もなくなるほど増えていった。

母親は慎介の異変を心配し、心療内科に連れて行った。「統合失調症の疑いあり」と診断され、薬が処方された。しかし薬を飲んでも状態はあまり変わらず、そもそも服薬をさせることが難しかった。慎介が、「チンチンがびりびりする」と副作用を気にして、薬を飲みたがらないからだ。その言動は日を追うごとに不安定になり、とうとう両親は入院治療を決意した。

病院への移送には、警備会社を呼んだ。警備員たちは、部屋でくつろいでいた慎介を見るなり、両脇《りょうわき》から羽交い締めにした。慎介は驚いて抵抗し、「助けて」と叫んだ。

しかし、抵抗するほど強く押さえられ、最終的には紐《ひも》で縛られて連れて行かれたという。

「慎介は本当に怖がっていました。かわいそうなことをしました……」

母親は、当時のことを激しく後悔していた。

三ヶ月の入院によって、慎介の症状は落ち着いたかに見えた。そこで退院後、両親は慎介をデイケアに通わせたが、親しくなった女性に襲いかかるという事件を起こし、出入り禁止を言い渡された。それからは服薬をやめ通院も拒むようになり、しだいに元の状態に戻っていった。

そのうちに慎介は、ある女性歌手に入れ込むようになった。母親に命じてＣＤや雑誌を買わせ、コンサートがあると聞けば、一緒に行くよう強要した。部屋の壁は女性歌手のポスターや切り抜きで埋め尽くされた。しまいには彼自身が「歌手になる」とまで言い出し、オーディションを受けるために髪を金髪に染め、自分の写真を何百枚も撮り、履歴書を送った。

都内の警察署から母親に連絡があったのは、そんなある日のことだった。母親が駆けつけると、慎介は取調室で小さくなって座っていた。担当した警察官が言うには、繁華街のマンションに不法侵入したところを、警備員に取り押さえられたという。

「〇〇という歌手の恋人で、家に遊びに来たと言っているのですが……」

母親が、慎介には精神科への入通院歴があることを説明すると、警察官の眼差《まなざ》しは同情を含んだものに変わり、すぐに釈放された。

慎介の精神状態はいっそう悪化していった。過去に業者を使って無理やり病院に連れて行ったことが、彼の中で恐怖の種になっていたのだ。またいつ突然、襲われるかと怯《おび》えるようになり、自衛のために身体《からだ》を鍛えはじめた。ボクシングジムに通い、サンドバッグを購入させ、家族の前でこれみよがしに拳《こぶし》を振るった。

納戸《なんど》にしまってあった父親のゴルフクラブをわざわざ持ち出し、休日の庭で素振りをすることもあった。母親は脅威を感じて、就寝の際には刃物をタオルで包み、引き出しの奥に隠すようになった。

「それが翌朝には、タオルをはずした状態でテーブルの上に置いてあって……。さすがに鳥肌が立ちました」

母親は言った。いつも、どこか焦点の合わない眼差しをしていた慎介だが、家族への敵意だけはありありと伝わってきた。両親は息子の機嫌を損ねないように、最大限に気を遣って日々を過ごした。

ある冬の寒い日のことだ。母親が帰宅して着替えをしていると、「ギャッ」という鈍い悲鳴が聞こえた。慌《あわ》ててリビングに向かうと、飼い猫が頭から血を流して横たわっていた。見開いた瞳《ひとみ》の色は鈍く、すでに息絶えているのが見て取れた。その横で慎介が、血のついた金属バットを握りしめて震えていた。

「ミイちゃんが悪いんだ……」

そう言って涙を流す慎介を、母親は呆然《ぼうぜん》と眺めた。慎介が飼い猫を撲殺したことは明らかだった。

猫は密《ひそ》かに埋葬され、両親はその一件について口を閉ざした。しかし妹だけは、愛猫を殺した兄を許さなかった。両親が心配になるほど、慎介を拒否し、避けつづけた。その結果、慎介の敵意は妹に向かった。

そもそも慎介は、両親の望む弁護士へのレールから脱落して以来、両親の関心が妹へ移ることを恐れていた。慎介はある日、全裸のまま金属バットを手に妹を襲撃し、殴りかかった。妹は命からがら逃げ出したが、これ以上、同居することは不可能だった。

再入院しかない。家族は限界まで追いつめられた。

「前回のように無理やりではなく、本人には、病気であることを理解したうえで入院してほしい。それができるのは押川さんしかいません」

両親はそう言って、私に移送を依頼してきたのだ。

面会で見せた殺意

慎介の入院中、私は何度か面会に同行した。両親は今後、慎介にどう接していくべきか悩んでいたし、彼の過去を考えれば、それは当然のことに思われた。

「慎ちゃん、面会に来ましたよ。今日のおやつはケーキですよ」

慎介を目の前にすると、両親は、まるで幼い子供相手のような話し方になった。対する慎介は、それが当然といった風情《ふぜい》で、差し入れた果物やお菓子を一人でぺろりと平らげてしまう。驚いたことに、ホールケーキですらあっという間に食べ尽くしてしまった。皿に顔を近づけ、手づかみで食べるその姿は、犬食いとしか形容しようのないものであった。

「昔はこんなことなかったんですけど」

母親は恥ずかしげにうつむいた。しかしよくよく聞いてみれば昔から、冷蔵庫に入っている食品は、すべて慎介が勝手に食べていたという。また、両親には職業柄、中元と歳暮の時期には大量の贈答品が届いていたが、その菓子やフルーツの類《たぐい》もすべて、慎介の胃袋に収まっていた。慎介の底無しの食欲は、すべての欲求の象徴であるように、私には思われた。

入院から三ヶ月が経過する頃には、病院側から退院を促されるようになった。たしかに慎介は院内で暴力を振るうこともなく、大人しくしていた。しかしそれは、あくまでも病院内にいるからだと私は考えていた。そして、その考えが確信に変わる出来事があった。

日差しの柔らかな休日だった。父親は慎介の面会に、ボールとグローブを持参した。慎介とキャッチボールをしようというのだ。私も一緒に病院の庭に出て、父子がキャッチボールをするのを眺めていた。そこだけを切り取れば、仲むつまじい親子に見える。

慎介の父親は典型的な仕事人間で、子育ては母親にまかせきりだった。子供たちと触れあう時間も、ほとんど持たなかったという。もっと幼い頃に、こうして父子の時間を持っていたら、事情は違っただろうか。ぼんやりとそんなことを考えていた私の視界に、白いボールがものすごい勢いで飛んでいくのが見えた。

慎介の投げたボールは父親の頭をかすめて飛んでいった。「ちょっとは手加減してくれよ」と言った父親の顔は、ひきつっていた。しかし慎介は、なおも思い切り腕を振りあげてボールを投げた。父親は飛びのき、行き場を失ったボールは、ガシャンと大きな音を立ててフェンスにぶつかった。慎介はグローブに顔を埋《うず》めていたが、私は、彼の顔に浮かんだ不敵な笑いを見逃さなかった。

「そろそろ終わりにしよう」

私は慎介の手からグローブを取りあげ、病室に帰った。家には戻せない。もし戻ったら、間違いなく家族を殺すだろう。私の結論に、両親も異論はなかった。

私が慎介を放っておけないと思ったのは、彼の不器用な一面も見ていたからだ。たとえば慎介の自室を見せてもらったときのことだ。壁には、夢中になっていた女性歌手のポスターや雑誌の切り抜きが隙間《すきま》なく貼《は》られていた。そしてその上には、慎介が記した文字が残されていた。「かっこいい人生　かっこいい体　かっこいい運命」「タイミングよく夢が何でもかなう」「自分が幸せになって同時進行逆走行　ひとが不幸になる」——一見意味不明な言葉だが、慎介の気持ちになって考えてみれば、それは欲望であり、願望であり、希望であった。誰にも伝えることのできない、彼の心の底からの叫び声だ。

慎介には生まれたときから、両親をはじめとする周囲からの、強烈なまでのプレッシャーがあった。彼は感情を抑え込み、機械的に日常をこなすことで、それに耐えてきたのだろう。すべては家族の望みどおり、弁護士になるためだ。それが、大学進学時の失敗を機に行き場をなくし、暴発したのだと思うと、憐《あわ》れでもあった。人として慎介とつながり、少しでも人間らしい暮らしをさせてやりたい。私はそう思った。

東京から九州へ

二〇〇二年、私は慎介の退院を前に、事務所の近くに一軒家を借り、その寮を「本気塾」と名付けた。そして時期を同じくして、家庭内暴力の男性と、薬物依存症の女性を受け入れることになった。同じ年代の若者同士、共同生活を送るのにちょうど良いと思われた。

しばらくの間は、慎介に事務所の雑務や移送業務への同行をさせていたのだが、それはあまり良策ではなかった。なにしろ慎介は、すぐにふらふらとどこかへ行ってしまうのだ。地方都市での業務中に慎介が消えたときには、顔面蒼白《そうはく》になった。幸いにもすぐに見つかったが、はっきり言って仕事どころではなかった。

サッカー観戦の帰りに、新宿の雑踏で、突然いなくなったこともある。私はすぐに、荒井家に向かった。家族は慎介を恐れて、すでに引っ越している。しかしそれを知らない慎介は、必ず家に戻るだろうと思ったのだ。

荒井家はひと気がなく、しんとしていた。念のため隣家に尋ねると、やはり慎介が訪れ、家族の所在を尋ねてきたという。

「お引っ越しされたことは言いましたけど……」

隣の住民は、申し訳なさそうに言った。夕方の薄闇《うすやみ》の中、私は、雨戸の閉ざされた家を眺めた。慎介が「城」と呼んでいた家には、もう誰もいない。

このときは一週間ばかり行方が知れず、ある雨の朝にふらりと寮に戻ってきた。よぶんな金銭は持たせていなかったはずなのに、慎介は瘦《や》せてふらふらするわけでもなく、淡々としていた。失踪《しっそう》期間をどう過ごしたのかと尋ねると、「道に落ちていたジュースを飲みました」「ゴミ箱にあったイースト菌を食べました」と、要領を得ない答えを言うばかりだ。

万引きをして腹を満たしたに違いない。そう踏んだ私は、強い口調で詰問《きつもん》した。

「慎介っ、万引きやら無銭飲食やら、やったんじゃないのかっ！」

「あっ、はい。万引きはしました」

「これが初めてじゃないだろっ！」

私は、さらに踏み込んで尋ねた。これまでの経験でも、ある程度の年齢になって違法行為を行う人間には、過去にも大なり小なり違法行為があるものだった。

「はいっ、すいませんっ」

慎介はあっさりと過去の罪を認めた。そして、小学生の頃から近所の店で万引きを繰り返していたことを告白した。裕福な家庭に育ち、欲しいものはなんでも手に入る環境にありながら、である。慎介にとっては、万引きが唯一《ゆいいつ》のストレス解消法だったのだろう。

私はすぐに両親を呼び、事実を話した。法律の世界に身を置く両親は、息子の違法行為など考えたこともなかったようで、非常に驚き、落胆した。やがて母親が、慎介に向かって怒りをあらわにした。

「万引きなんて、お母さんは絶対に許しません！」

そのような母親の厳しい態度は初めてのことだったらしく、さすがの慎介もうなだれた。

たいていの家族は、本人のいないところでは「うちの子はどうしようもない」「もう縁を切りたい」などと本音を言うのだが、本人を前にすると、猫なで声を出し、機嫌をとろうとする。本人に向かって本音を伝えることのできる親は、ほとんどいない。何も言えずに黙り込んでしまった父親に代わって、厳しいことをきっぱりと言い切った母親の真摯《しんし》な姿勢に、私は心を打たれた。

両親の記憶では、慎介は高校生くらいから、電話の音や突然の来訪者に、ひどく怯えるようになったそうだ。その理由を慎介に確認すると、万引きが発覚することをずっと恐れていたと話した。それも、常軌を逸した言動に及んだ原因の一つだろうと、私は思った。

「今後も一緒に暮らすことはできません。慎介をよろしくお願いします」

両親は深々と頭を下げて帰っていった。いよいよ本当に、彼の帰る家はなくなったのだ。

私は塾生たちに、アルバイトを探すことを提案した。慎介一人では無理でも、他の塾生が一緒なら、できる仕事があるのではないかと考えたのだ。

幾度か面接を繰り返し、ようやく、工場での検品の仕事が見つかった。慎介は仲間とともに、アルバイトに通いはじめた。

「どうだ慎介、アルバイトのほうは」

数日後、帰宅した慎介に、私は声をかけた。

「まあ、ぼちぼちですね」

慎介はそう言って笑顔を見せ、入れ立てのコーヒーを飲んだ。そんな彼の姿が、私には嬉《うれ》しかった。

しかし、穏やかな日常は長くは続かなかった。出勤の途中で、またしても慎介が失踪したのだ。混雑した朝の電車内でのことで、一緒にいた塾生が、わずかに目をはなした隙の出来事だった。

慎介は二週間、帰って来なかった。

発見の連絡は、警察から来た。慎介は、停めてあった自転車のかごから荷物を盗もうとしたのだ。そこへ自転車の持ち主が戻ってきた。咎《とが》められた慎介は「自分の荷物だ」と言って譲らず、相手に殴りかかろうとしたために警察を呼ばれたのである。

警察署に慎介を迎えに行くと、こちらの事情に配慮したのか、被害者は被害届を出さないと言った。ただし、「今後同じような被害者を出さないよう、きちんと管理監督してほしい」と希望があり、私たちは公的書類に署名・押印《おういん》したうえで、慎介の身柄を引きとった。アルバイトは何日も無断欠勤した形になり、クビになった。

都会を離れることを考えたのは、この頃のことである。

新宿という街は、便利には違いないが、誘惑も多い。街を歩けば、ネオンはきらびやかに光り、昼夜を問わずどこからか音楽が聞こえてくる。一年中薄着の若い女性たちの姿も、慎介にとっては刺激にしかならない。

そして私は、本気塾の九州への移転を決めた。九州には私の故郷があり、まだ田畑や緑も多く残っている。のどかな風景を眺めていると、塾生たちには、こういった町での、のんびりとした暮らしこそが必要なのだと思えた。

しかしながら、アルバイト先はなかなか見つからなかった。関東から来たというだけで警戒されるうえ、数人一緒に勤務できるところを探さなければならないのだ。スタッフは求人誌を見ながら電話をかけつづけ、ようやく、流通系の倉庫でのアルバイトを見つけた。

見知らぬ土地に来たことで、慎介の失踪癖という悪い虫は影をひそめた。ただし、他の塾生やスタッフには、彼に対する理解と忍耐を強いることになった。慎介は、他者と協調する能力が決定的に欠けていた。気に入らないことがあると、すぐさまそれを行動に移す。たとえば、眼鏡でも洋服でも、新しいものが欲しくなると、平気で捨てたり壊したりした。他の塾生が服薬している薬を捨てたり、持ち物をこっそり盗んだりすることもあった。そうするときには何か理由があり、慎介なりの言い分がある。しかし塾生たちは皆、それぞれに問題を抱えている。慎介を許容するにも限界があり、慎介と他の塾生の間には諍《いさか》いが増えていった。そのたびにスタッフが割って入り、双方が納得いくまで話し合いをしたが、慎介の行動が変わることはなかった。

一緒に働いている塾生によれば、慎介は職場でも、浮いた存在であるという。仕事の出来にはムラがあり、雑談の輪に加わるわけでもない。独り言を言ったり、薄笑いを浮かべたりしているときもあり、「あぶない人」とみられているようだった。

繰り返される無軌道な行為

私は仕事の都合で、東京と九州を行ったり来たりする生活だった。九州にいる間は、できるだけ慎介と顔を合わせ、話をするように努めていたのだが、慎介の中では、アルバイトに精を出すという当たり前の日々が、単調でつまらないものになっていったのだろう。

そんなある日の夕方、慎介たちのアルバイト先の責任者から電話があった。

「慎介君の様子がおかしいので、このまま塾生さんたちだけで帰すのは、不安です。迎えに来てもらえませんか」

電話を受けたスタッフは、すぐに迎えに行った。塾生を連れて最寄《もよ》り駅まで歩き、慎介をなだめて帰ろうとしたとき……、慎介が突然、女性スタッフの一人に殴りかかった。

不意打ちだったこともあり、スタッフは顔面を直撃され、倒れ込んだ。電車を待っていた人たちが、何ごとかと集まってきた。慎介はなおも暴れたため、「110番通報だ！」と誰かが叫び、数人がかりで取り押さえられた。

私が現場に駆けつけたときには、慎介は警察官によって連行されたあとだった。

警察署では、被害届を出すかどうかを問われた。今までのように、私たちが事情を説明して不問に付せば、すぐにでも慎介は釈放されるだろう。しかし今回ばかりは、慎介に自分のしたことを理解させなければならない。殴られたスタッフの頬は、無残なまでに腫《は》れ上がり、全治一ヶ月の重傷と診断されていた。

慎介は逮捕された。刑事裁判では、私も情状証人として法廷に立ったが、情状というよりは本気塾としての姿勢を説明し、身元保証人となる証言をしたため、慎介は執行猶予《ゆうよ》がついて本気塾に戻ってきた。

このとき、慎介を再び入院させるという選択肢もあったのかもしれない。しかし私には、「もう一度だけ……」という思いがあった。慎介の社会での居場所を探すために、東京を離れ九州まできたのだ。ここで、その芽を摘むことはしたくなかった。

そこで、新たに仕事を探した。求人誌を見て五十件以上、電話をかけただろうか。ようやく鉄工所でのアルバイトが見つかった。繁忙期だけの採用だが、若い男性を必要としていたため、執行猶予中という事情があっても、受け入れてもらえた。ありがたいことに、現場までの送迎つきだ。

職人気質の男性が集う現場は、慎介にとっては厳しい環境かもしれない。だが、むしろそのほうが慎介も秩序を保てるのではないかという、かすかな期待があった。実際に慎介はしばらくの間、大人しく仕事に通った。決して仕事ができないわけではないのだ。職場の担当者から、「腕力があるので、力仕事を安心して任せられる」と褒められたこともある。しかしそれも、束《つか》の間《ま》のことだった。

しだいに「真面目《まじめ》に働かない」という苦情がくるようになり、失踪癖も再び顔を出した。仕事の途中や帰りに、ふらっといなくなる。ひどいときには、職場の人に本気塾の前まで送り届けてもらったその足で、失踪した。すぐに見つかることもあれば、タクシーに無賃乗車して寮に戻ってくることもあった。公園で野宿をしていて職務質問を受け、深夜に警察署から連絡が来たこともある。

どんなに説諭したところで、慎介には届かなかった。むしろ慎介は、不真面目にやったり失踪したりすれば、仕事に行かなくてすむ、ということを学んでいた。私たちが理解したのは、慎介はそこまでするほど労働が嫌いなのだ、ということだった。

そして慎介はある日、職場の人に突然つかみかかり、暴力を振るってしまった。被害者は、休憩時間にお菓子やジュースをくれるなど職場で最も慎介に親切にしてくれていた人だった。慎介のストレスの捌《は》け口は常に、そういった優しい人、女性や子供、小動物など弱い者へ向かうのだ。そして不意打ちを食らわせるのも、結局は自分に自信のない慎介なりの、やり方だった。

連絡を受けてスタッフが駆けつけたときには、すでに警察も来ていた。

「署に同行してもらって、話を聞こうか」

警察官に促されると、慎介はおもむろに立ちあがり、被害者に向かって大声で言い放った。

「殺すぞ！」

そして慎介は、二度目の逮捕をされたのである。執行猶予中だったこともあり、慎介には実刑判決が下った。

慎介の今

刑務所から出所後、慎介は精神科病院に入院した。服役中から、妄想をみるなどの精神症状が出ていたのだ。慎介にこれ以上罪を犯させないためにも、医療の助けを求めるしかなかった。

私は今でも、定期的に病院に面会に行っている。慎介の病状は、治療により落ち着いてはいるが、妄想は固定化してしまっている。

「そろそろ僕も芸能界に復帰しようかと思うんですけど」

「子供が二十人産まれたんで、実家を継いで弁護士にならないとまずいですよね」

そんなことを、大まじめな顔で言う。もしかしたらそれは、現実社会の厳しさから逃れるために、慎介が自分で作り出した妄想なのかもしれない。いずれにしても、慎介は自分から、病気の世界で生きることを選んだ。

今までの私だったら、慎介の目を覚まさせるために、「馬鹿《ばか》なことを言うな」「そんなわけないだろ」と一喝するところだ。しかし慎介は今、病院にいる。私は彼の妄想にも、付き合ってやることができる。

「今年のドラフト、僕、呼ばれなかったんですけど……」

「そうだなあ、残念だなあ。次があるよ」

そう言ってやると、慎介は子供のような笑顔を見せるのだ。

慎介の妄想は、時々暴走することもある。ドスの利《き》いた声で本気塾に電話をかけてきて、「そこに犯罪者がいるだろう」「殺してやろうか！」などと言って、スタッフを脅す。しかし数日後には、「この間は、おかしなことを言ってすみませんでした」と、明るい声で電話がかかってくる。慎介なりに妄想の出し入れを調整できているようにすら、見受けられる。彼にとっては妄想の世界に定住しているほうが楽しいのだろうが、入院生活は嫌なのだ。

しかし私は、慎介は今、ようやく穏やかな生活を手に入れたのだと思っている。病院には作業療法の時間があり、絵画やスポーツも楽しんでいる。レクリエーションでは、慎介が大好きなカラオケの時間もあるという。本気塾にいたときには、音楽を聴いたりカラオケを歌ったりすると、のめり込んで一人で何時間も歌い続けてしまうため、ほとんど連れて行っていなかった。

また、病院の職員によれば、慎介はお年寄りに親切にするなど、非常に好青年であるという。それは慎介の、恵まれた育ちからくる優しさだろう。病院にいて、医師や看護師に支えられているからこそ、できることでもある。

私には、とても心に残っていることがある。ある面会の日に、慎介から一人の男性を紹介されたのだ。慎介と同じ年ごろの男性で、慎介より長く入院しているという。

「友達なんです」

慎介がそう言うのを聞いたとき、私は心の底から嬉しかった。

一般社会に出たときには、慎介はおかしな言動をとり、違法行為を繰り返してしまう。私たちは慎介を理解し、普通の生活を送らせたいと努力もしてきたが、一般の人々にとってみれば、彼のような人間は脅威でしかない。慎介はいつも除け者《のけもの》にされ、冷たい視線を浴びてきた。そんな慎介だが、病院の中では友達もでき、心穏やかな一人の青年として評価されてもいるのだ。

ケース2　親と子の殺し合い

アルコール依存症の息子

木村則夫（仮名）の父親の右腕には、長さ十五センチほどの切り傷があった。

「息子にやられたんです。私の首を狙《ねら》ってきたのですが、手でかばったところをざっくり……。息子はかなり酔っぱらっていたので、狙いがはずれたんでしょうね」

父親は、そう言って腕の傷をさすった。半年前の出来事だと言うが、傷痕《きずあと》はいまだに赤黒く盛りあがり、痛々しいほどである。

則夫はアルコール依存症で入院中だった。しかし、病院から退院を促されるようになり、困った両親が相談に来たのだ。

「家に帰らせるわけにはいきません。もし戻ってきたら……今度こそ殺されます」

父親は淡々とした口調で言った。その冷静さにかえってリアリティを感じ、私は思わず身を引き締めた。

則夫は大学に進学した十八歳のときから、酒を飲むようになった。未成年での飲酒だったが、大学生ともなればそんなものだろうと、両親も咎めることはしなかった。

初めのうちは、友人と一緒に居酒屋で飲む、というごく普通の飲み方だった。しかし則夫はもともと、人付き合いが得意なタイプではない。誘われて出かける回数が減り、その代わりに部屋で一人、缶酎《かんちゅう》ハイなどを嗜《たしな》むようになった。

則夫は酔うと母親を相手に愚痴をこぼした。それは主に友人や大学の教授の悪口で、他人の失敗をあげつらい、成功をねたむものだった。母親がたしなめても愚痴は止まらず、その執拗《しつよう》さは異様に映った。

酒量が増えたのは、社会人になってからのことである。

則夫が卒業した大学は、地元でしか名前を知られていないような三流大学だった。則夫自身も真面目な学生とはいえず、就職先はなかなか見つからなかった。卒業間近になってようやく、建築関係の営業職にありつくことができた。

則夫は一人暮らしをするようになり、営業という仕事がら、付き合いで酒を飲む機会が増えた。基本的には単独行動が好きだが、初対面での人当たりはよく、酒の席に誘われることも多かったようだ。しかしその職場は三年も続かなかった。

「俺にもっと合う仕事があるはずだ」

則夫は両親に、退職の理由をそう説明した。しかし本当のところは、営業成績が悪く、酒の席で同僚に殴りかかるなどのトラブルをたびたび起こし、離職に追い込まれたのだった。その事実を両親が知るのは、ずっとあとのことだ。

その後則夫は、同業種に転職した。だが、ここでも人間関係につまずき、数年で辞めている。この頃には、毎日のように酒臭い息を吐きながら帰宅し、まともに歩けないほど泥酔《でいすい》している日もあった。職場でのストレスを、酒で解消していることは明らかだった。

実家に戻った則夫は、正社員の就職先が見つからないことから、派遣登録による工場勤務をはじめた。

「少しお酒を控えたほうがいいんじゃない」

転職を機に、母親はそう進言した。則夫は「分かってるよ」と答えたものの、肉体労働の現場には酒がつきものだ。二日酔いのまま仕事をする者、帰り際《ぎわ》に必ずビールをあける者……、酒へのハードルは、むしろ下がってしまった。

則夫は毎晩のように一人で飲み歩くようになり、飲んだ先でトラブルを起こした。

店主や客と大喧嘩《おおげんか》をすることもあれば、トイレで意識を失って倒れたこともあった。警察沙汰《ざた》になるたびに父親が呼び出され、尻ぬぐいをした。

外で飲まない日は、酒を買い込んで帰宅し、家で飲んだ。

「則夫の酒量はすさまじいものがありました。ビールを六缶も飲んだあとで、ウイスキーを一瓶あけ、酩酊《めいてい》するとビールとウイスキーをちゃんぽんにした爆弾酒を飲む有様でした」

父親は、過去を振り返って言った。

酔うと日ごろの不満が爆発し、矛先は両親に向かった。あることないこと文句をつけ、少しでも反論されようものなら、物を投げつけた。携帯電話やテレビのリモコン、ガラスのコップや皿まで投げつけた。割れた破片を片づけるのは、母親の役目である。そのうちに母親は、則夫が酒を飲むときには、紙コップや紙皿をテーブルに並べるようになった。

当然、朝はひどい二日酔いである。則夫は「迎え酒だ」と言って朝から酒を飲み、ふらふらしながら仕事に出かけた。素面《しらふ》でいる時間は、ないようなものだった。

「アルコール依存症ではないのか」

両親がそう咎めて酒を飲ませないようにすると、則夫の機嫌は悪くなった。

「俺は酒好きなだけで、アル中なんかじゃない」

「酒を飲むことが唯一の幸せなんだから、邪魔をするな」

そう言い訳をして、延々と酒を飲みつづけた。気に入らないことがあると、両親に手を上げるようにもなっていた。

「私たちも疲れ果ててしまって、則夫の言うとおりにするしかありませんでした」

母親はやつれた顔でそう呟《つぶや》き、涙を浮かべた。

親と子の殺し合い

幼少期の則夫は、身体も人並み以上に大きく、自己主張の激しい子供だった。近所の幼い子供などは、よく則夫の標的になりいじめられていた。その反面、則夫には、常に周囲の大人の顔色をうかがうような、気の小さいところもあった。

小学校にあがると、則夫は親や教師の注意に過敏な反応をみせるようになった。母親は、則夫に何かを注意するたびに、「なんでダメなの」「これだったらいいの」と屁《へ》理屈《りくつ》で返され、辟易《へきえき》したことを覚えている。

則夫には友達が少なく、いじめの対象は小さな生き物に移った。昆虫を無惨《むざん》に踏みつぶし、野良《のら》猫を川へ投げ入れた。母親はこの頃すでに、則夫の行く末に不安を感じていたという。

則夫はなぜ、そのような人格を形成していったのだろうか。私には、父親の影響が多分にあるように思われた。

父親は、頑固親父《おやじ》そのものといった人である。複雑な環境の家庭に生まれ、独力で大学まで進学した。その後、地元では有名な企業に就職し、重役にまで上りつめている。それだけに言葉は断定的で、自らの考えを絶対としているようなところが見受けられた。

苦労を重ねてきた人なだけに、息子のふがいなさには不満があるらしい。則夫の進学した大学や就職先の話になると「出来損ないの息子で」という言葉が何度も口をついて出た。則夫が幼い頃には、怒鳴ったり手をあげたりすることも日常茶飯事だったという。父子の関係が良好だったことは一度もない。

「いまだに、則夫の顔を見ると小言が出てきます。本当に出来の悪い息子で」

父親は言った。

則夫は幼少期から、そのような父親の思いを感じ取っていたのだろう。プレッシャーも感じていたに違いない。だからこそ酒に頼るようになった。酔わなければ本音を言えず、それは怒りとなって両親に向かっていった。

そして則夫はある日、飲酒運転により事故を起こした。怪我人《けがにん》は出なかったものの、車は大破し、仕事はクビになった。三十五歳になっていた。

それからの則夫は、新しい仕事を探そうともせず、ますます酒に溺《おぼ》れていった。毎日、夕方に起き出しては、ふらつく足取りで酒を買いに行く。そして朝まで延々と飲みつづける。酔えば両親に難癖をつけて暴力を振るう。そんな生活が日常になった。

無職の身なのに、酒代はどこから出ているのか。両親が不思議に思ったときには遅かった。則夫は持っていたクレジットカードや消費者金融のカードで、三百万もの借金を作っていた。慌てた両親はそれを肩代わりして返済し、カードを解約させた。すると今度は、父親が趣味で集めていた古いレコードや蔵書を勝手に売り飛ばし、得た金を酒に換えた。

そのうちに則夫が体調に異変を訴えたため、両親はそれを理由に、精神科病院に入院するよう説得した。則夫は大酒飲みでありながら、自分の健康には非常に気を遣うところがあり、渋々ながらも両親の言葉に従った。

医師は則夫を「アルコール依存症」と診断した。入院生活により則夫は酒を断ち、健康を取り戻していった。三ヶ月が過ぎた頃、医師の同席のもと、両親との面会があった。久しぶりに会う則夫は、顔色はすっかり良くなり、小太りだった体型も幾分すっきりとしていた。

「もう酒は飲まないよ。迷惑かけて悪かった」

断酒宣言するだけでなく、両親に謝罪までした。則夫がそのような素直な態度を見せるのは初めてのことであった。両親は彼を信じ、快復を心から喜んだ。

則夫は家に帰ると、翌日には求人誌を買いに行き、仕事を探すそぶりを見せた。夜は病院でもらった薬を飲み、早々と床につく。そんな則夫の姿に、両親は「入院させてよかった」と話しあった。しかし平穏な日々は、一週間と続かなかった。ある日の夕方、則夫が求人誌と一緒に、ビールを一本、買ってきたのだ。飲酒を止めようとする両親に、則夫は言った。

「一本くらいいいだろ。これを飲んだら大人しく寝るからさ」

しかしひとたび酒が入ると、則夫は豹変《ひょうへん》した。飲み干した空き缶を捨てたあとで、コンビニに行くと言って車のキーを手にした。父親は則夫を力ずくで止めた。

「俺の人生なんだから、何をしようと勝手だろ！」

喚《わめ》きながら父親を突き飛ばす則夫の足に、母親はすがりついた。

「分かったから、車にだけは乗らないでちょうだい！　お母さんがお酒を買ってきてあげるから！」

こうして再び悪夢が始まったのである。

則夫は以前にも増して酒を飲んだ。もはや歯止めになるものは何もなかった。両親に酒を買いに行かせ、夕飯だけでなく、夜食の支度までさせた。泥酔してもなお飲みつづけるため、所かまわず失禁や脱糞《だっぷん》をした。

気に入らないことがあると、あいかわらず暴力を振るった。パソコンやテレビ、石油ストーブまで投げつけるなど、身近にあるものはすべて凶器に変わった。酒が入っているときほど、則夫は異常なまでの力を見せつけるのだった。

両親への殺意は日に日に増していき、ある晩には、父親の眠る枕元《まくらもと》に重さ五キロのダンベルを落とした。両親は暴力を恐れ、言いなりになるしかなかった。則夫が酒を飲んでいる間は熟睡できず、いつでも逃げ出せるようにと、貴重品を入れたリュックを枕元に置いて休んだ。家から追い出され、車内で一晩を明かすことも一度や二度ではなかった。

則夫の二度目の入院は、警察官による移送だった。泥酔して派手に暴れたため、尋常ではない叫び声を聞きつけた近隣住民が、110番通報したのだ。酩酊状態の場合、本人の言動が精神疾患によるものか飲酒によるものか判別できないため、警察官の対応は通常、本人の保護にとどまる。しかし、すでに則夫のトラブルによる通報が多数、所轄《しょかつ》警察署に寄せられていたこともあり、警察官が翌日、則夫の酔いが醒《さ》める頃を見計らって、精神科病院に連れて行ってくれた。

「きちんと治療しないとまずいですよ」

則夫のいないところで、警察官はそう言った。それは両親が一番、分かっていたし、願っていることでもあった。しかし病院からは、三ヶ月もすると退院を促された。則夫は家に戻り、また酒を飲んだ……。

そしてとうとう刃傷沙汰《にんじょうざた》が起きたのだ。

その日も則夫は、日が暮れる前から酒を飲みはじめていた。きっかけは、ささいなことだった。母親の作った食事に、則夫が文句をつけたのだ。父親が母親をかばうと、則夫は不機嫌なまま焼酎《しょうちゅう》をあおり、ふらふらと台所へ向かった。両親が気付いたときには、包丁を手にした則夫が立っていた。

「今から外に出て行って、通り魔事件を起こしてやろうか！」

則夫はめちゃくちゃに包丁を振りまわした。父親は首筋を切られそうになり、とっさに出した腕を切り裂かれた。燃えるような痛みを感じながら、父親は則夫を突き飛ばした。

則夫はテーブルの角に頭をぶつけ、気を失った。倒れた則夫の頭の下に血だまりができるのを、両親はぼんやりと眺めた。

「救急車、呼ばなきゃ……」

気を取り直した母親が、救急車と警察を呼んだ。則夫は怪我の治療後、そのまま再入院となり、父親は腕を十数針も縫った。

当時のことを振り返って、父親が私に、こう言ったことがある。

「あのとき、則夫をそのまま放っておけばよかった。そうすれば、出血多量で死んだかもしれない。仏心を出して助けたりしたせいで、今もこうして苦しめられるなんて……」

専門病院での治療

転院の日、私はワゴンタクシーを手配し、則夫が入院中の病院まで迎えに行った。転院先には、アルコール依存症の治療を専門としている精神科病院を見つけてあった。則夫にはあらかじめ、主治医から転院について説明してもらってある。

手続きをすませた父親が、看護師と則夫を伴ってやってきた。則夫は、アルコールや薬物におぼれている人特有の、据わった目つきをしていた。私は彼に挨拶《あいさつ》をした。

「どうも、押川です」

「えーと、押川さん、ですね」

則夫は暗唱するように、私の名前を呟いた。

転院先の病院までは、三時間ほどかかる予定だった。則夫は落ち着いて見えるが、最後まで気は抜けない。私は彼に、転院の理由を説明した。

「前回の入院のときには、警察が入っているからね。ちゃんと治療を続けなければいけないということで、転院になったんだけど。則夫君自身は、誰かを傷つけたり、それこそ刑務所にいくようなことは、望んでもないことだろ」

「そりゃあ、もちろんです」

「何が原因でそうなるかっていうのは、分かっているんだよね」

「酒です」

則夫は言った。三ヶ月も断酒しているせいか、口調ははっきりしていた。

「俺は、今度こそちゃんと治療を受けようって思ってるんです。今のままじゃあ、一生病院にいるか、ホームレスになるか、懲役か、どれかしかないですから。そうならないために、どうしたらいいかって考えたときには、やっぱり禁酒しかないなって」

則夫が決意を語る間、助手席に座っている父親は、一言も口を挟まなかった。その頑《かたく》なな後ろ姿からは、息子の言葉を信用するつもりはないという、父親の意思が伝わってきた。私は則夫との会話を続けた。

「転院先の病院は、アルコール依存症の専門病院だからね」

「どういう病院なんですかね……。とにかく俺は、薬は飲みたくないですね。服薬治療はお断りです」

則夫のいう薬とは、抗酒剤のことだった。飲むと二日酔いのような状態になり、酒を遠ざける薬である。それから則夫は、理想とする治療方針について語りはじめた。酒曰《いわ》く、規則の厳しい病院は困る、煙草《たばこ》は好きなだけ吸わせてほしい、退院するときには就職の世話をしてほしい……。それはたんに、則夫の欲求の話だった。

「えーと、吉川さんでしたっけ」

「押川ですよ。則夫君はかなり記憶力が落ちているみたいだね」

「そうなんですよ。なんでも関連づけて覚えないと、すぐ忘れちゃう。漢字もほとんど書けないですし」

「酒を飲んでいる間のことは、覚えているの」

「それがまったく記憶にないんです。親父を怪我させたことも覚えてないですね。まあ、俺も親父に突き飛ばされて頭を何針か縫ってますからね。おあいこってやつですよ」

則夫はケロリとして言った。父親の背中が、ますます硬くなるのが見えた。

乗車して一時間も過ぎると、則夫は会話に興味を失ったのか口数が減った。車内が静かになると、則夫から放たれる尖《とが》った空気が、いっそう重く感じられた。そのうちに、則夫がしきりにトイレに行きたいと言い出したので、私はあえて、移送ルート上にあった警察署に車を止め、トイレを借りた。則夫は落ち着きのない様子で、そそくさと用を足した。

高速を使うような長距離の移送の場合には、サービスエリアでトイレタイムを設けることもある。しかし今回は、病院を出てまだ一時間しか経《た》っておらず、単に外に出たいだけだろうと思われた。則夫には、車を降りたとたん、何をしでかすか分からないような雰囲気もあった。私はこのような事態に備えて、事前に移送ルート上にある警察署を頭に入れておいたのだ。

ようやく病院につくと、則夫はさっさと車を降り、私に頭を下げた。

「今日はわざわざありがとうございました、吉田さん」

結局、則夫は最後まで、私の名前を覚えてくれなかった。

死を望む親

則夫の入院後、私は父親とともに自宅へ向かった。則夫が過ごしていた部屋を見せてもらうことになっていたのだ。自宅は、築年数は経っているものの、なかなか立派な家だった。離れにある則夫の自室は十八畳もの広さがあったが、パイプ式のベッドの他には、筋トレ用のマシンが五台、置かれているだけだった。殺伐とした部屋の様子が、そのまま則夫の人格をあらわしているように、私には思えた。床には、ゴルフクラブが数本、転がったままになっている。

「則夫は職場の付き合いで、ゴルフに通っていたことがありまして。一時はもっとたくさんあったんですが、酒を買うために売りはらったみたいです」

私はゴルフクラブを一つ、持ち上げた。

「これなんか、凶器になりますよね」

「そうなんです。何度も取りあげようと思ったんですが、なんせ恐ろしくて」

父親はゴルフクラブから目をそらした。

母親が、お茶を入れたからと、私たちを呼んだ。台所を抜けるときに、父親が壁際の食器棚を少し動かして見せた。

「ここにね、血しぶきが飛んだあとがあるんですよ。いくら掃除しても取れないから、こうして家具を置いて、隠しているんです」

たしかに壁には、絵の具をぶちまけたような、赤黒い染《し》みがあった。

「たまりませんね」

私が言うと、父親は深いため息をつきながら答えた。

「もうどうしようもないですね、本当に。いっそ病院で狂い死にしてくれれば……」

則夫の転院後、面会には両親の代わりに、私か事務所のスタッフが行くことになった。両親はもはや則夫にとって、アルコール同様、依存の対象でしかない。お互いのためにも、距離を置くべきだと考えたのだ。

移送の際には物わかりの良さを見せた則夫だったが、入院生活が長引くうちに、しだいに本性を現わしていった。自らの過去に対する反省や内省はせず、他の患者の生活ぶりに文句を言い、それを理由に病院職員の対応に注文をつけることもたびたびあった。自分の気に入らない患者がいれば、喧嘩が強い他の患者をそそのかして暴力を振るわせる。煙草などをえさに、他の患者に規律を乱すような行為をさせる。則夫のやり方は、常に他人を巻き込むものであった。

その一方で、私やスタッフが面会に行くと、いつも同じことを要求した。

「もう半年も入院している。そろそろ退院したい」

私たちはそのたびに、入院期間が退院を決めるわけではないこと、これまで同じことの繰り返しであり、今回はじっくり治療してほしいと両親も望んでいることを説明した。すると則夫は、こう返してくる。

「両親に面会に来るよう言ってくれませんか」

則夫は、両親が相手なら退院を強行突破できると考えているのだろう。私たちがそれを拒否すると、今度は開き直るようになった。

「だいたいね、おかしいのは親父のほうでしょう。俺がアルコールに依存するような人間になったのは、あいつらが育て方を間違えたせいだ！」

則夫の面会に行くたびに、私は言いようもない虚《むな》しさをおぼえた。

一方で則夫は、面会に来ない両親に頻繁に電話をかけていた。両親は電話が鳴るだけで動悸《どうき》が激しくなり、留守電に切り替えるようになった。留守電はあっという間に、「退院させろ！」「殺してやる！」「居留守使ってんじゃねえよ！」「逃げんな！」という、怨念《おんねん》のこもったメッセージでいっぱいになった。

則夫が入院していても、両親には気の休まるときがなかった。病院の職員も則夫の扱いには困っているようで、両親に対してさりげなく退院を迫ることもあった。そんな中で、主治医だけが彼の言動に危機感を抱き「他の患者とのトラブルが絶えないうちは、社会に戻せない」と言ってくれている。

年老いた両親にとって、心配事は則夫のことだけだ。いつ退院させられるかと怯え、仮に自分たちが先に亡《な》くなったとしても、残された家族や親族、あるいは第三者に迷惑をかけるのではないかと、そればかりを気にしている。

「死んだほうが本人も楽でしょう。社会にも迷惑をかけなくてすみますし……」

両親がそう言うたびに、私はなんとも言えない気持ちになる。則夫には健康を取り戻し、長生きしてほしい。しかし、もしアルコールをやめられたとしても、則夫の抱える両親への憎しみや、歪《ゆが》んだ思考を変えることは難しいだろう。私には、息子の死を願うほど追いつめられた両親を、責めることはできない。

ケース3　依頼にならなかった家族たち

私の事務所へは、毎日のように家族からの相談がある。中には相談だけで終わり、医療機関への移送や自立支援施設への入所という依頼に結びつかなかったケースもある。ならば、その家族の問題にまだ猶予《ゆうよ》があるのかというと、決してそうではない。親の対応や考え方にこそ疑問符がつくようなケースであり、だからこそ、私の解決方法とは相容《あいい》れないものがあった。中でも強烈だったケースを、いくつか紹介したい。

一、手のひらがえしの親

電話をかけてきたのは、父親だった。三十歳を過ぎた一人息子の問題行動に、悩まされているという。

「家を処分してでも費用を工面して、何とかしてもらいたいと思っているんです」

父親の言葉には切羽詰まったものがあった。

面談の日、事務所には、夫婦がそろってやってきた。二人とも着のみ着のままといった出で立《いた》ちで、放浪でもしたあとのように、やつれきっている。

息子は大学を卒業後、公務員として地元の役所に就職した。勤務態度は真面目だったが、五年目にキャリアアップを望んで仕事を辞めた。しかし転職はうまくいかず、それからは無職のまま家に閉じこもっている。一家は、関東近郊の分譲マンションで暮らしていた。

息子は無職になって以来、「働けないのは、親の育て方が悪かったせいだ」「どんな生き方をするべきか分からない。親が教えてくれなかったからだ」などと言って、親を責めるようになった。

また、潔癖症ともいえる状態に陥り、神経過敏な日々を過ごすようになった。両親にも執拗なまでの手洗いを強要し、食事の支度や、掃除洗濯にも難癖をつけた。少しでも両親がミスを犯そうものなら、大声で怒鳴り散らす。本人は一日に何度も風呂《ふろ》に入り、水道代やガス代も馬鹿《ばか》にならないという。

両親は何度も息子と話し合おうと努めたが、それは常に物別れに終わった。息子はよけいに苛立《いらだ》ち、両親の衣類や本、ＣＤなどを、切り裂いたり壊したりしてすべて捨ててしまった。

父親は息子に恐れをなし、東北地方にある自分の実家に逃げた。母親は息子の面倒をみようと頑張っていたが、数週間ともたずに父親のあとを追った。二人は今、所持品もほとんど持たず、わびしい生活を強いられている。

「息子にはときどき電話をかけているんですが、『お父さんとお母さんが戻って来ない限り、話し合いには応じない！』と言うんです。しかし私たちが戻れば、またもとの生活の繰り返しでしょうし……」

と言った。

心療内科に家族診察（家族のみが相談に行くこと）に行ったこともあるが、本人を受診につなげられていない。保健所にも相談に行ったが、精神科未受診であることを理由に、話が先に進まなかったという。

「まずは、ご本人を精神科医療につなげることが先決ですね」

相談を受けて、私はそう結論を出した。潔癖症も含め、本人の行動には尋常ではないものがある。両親の話によれば、彼自身も「自分はうつ病かもしれない」と悩んでいるそうなのだ。

しかし入院の話になったとたん、雲行きがあやしくなった。母親はすがるような目で私を見て、こう言った。

「入院すれば、病気が治って、昔のあの子に戻りますよね」

私は面食らってしまった。母親の言う「昔のあの子」というのが、大学を出て公務員になった、何年も昔の彼のことだと察しがついたからだ。

「入院すれば状態は落ち着くでしょうが、治る、治らないという問題ではないと思います。これからは精神科医療を利用しながら、長い目で見守るべきです」

それは、これまでの経験による私なりの見解だった。そもそも母親が求めるような「元通り」の状態を求めることは、息子にとっても酷である。

すると母親は、「息子がかわいそう！」と言って泣きはじめた。となりにいた父親が、母親の様子を気にしながら私に言った。

「押川さんは説得ができるんでしょう。だったらあの子に、ちゃんとするように言って聞かせてくださいよ。息子は大学だって出ているし、まともに就職もできたんだ。押川さんが説得してくれたら、元に戻るんじゃないかな」

呆《あき》れる私をよそに、母親は目にハンカチをあてながら、過去の話を繰り返した。いかに出来がよくて、両親への気遣いもできるいい子だったか……という話だ。

過去の彼を否定するつもりはない。しかし現在の彼は、就職はおろか日常生活すらままならない状態にある。家族関係も崩壊しており、両親が思う以上に、本人の心の荒廃は進んでいると思われた。まずは医療の力を借り、心身の健康を取り戻すことが先決だ。

言葉を選びながら入院の必要性を説いたが、父親はなおも言いつのった。

「心療内科の家族診察では、入院なんて勧められませんでした。保健所だって、たいしたことないって感じでしたし」

「それは息子さんが精神科未受診であり、幻覚や妄想といった精神疾患特有の症状も確認できていないからでしょう。しかも、ご両親は精神疾患とは認めたくない。医療機関にしてみれば、そういう家族には『まずは息子さんを連れてきてください』としか言いようがありません」

私は、何も入院を無理強いしたいわけではなかった。ただ、家族から本人の現状を聞いた限りでも、一度の受診で症状が快復し、定期通院や服薬ができるようになるとは思えなかったのだ。そのような場合には、いったん入院という選択をしたうえで、親子で落ち着いて話し合う場を設け、生活環境を整えていくのがベストである。私がそう説明すると、母親はさらに泣き崩れ、父親は「うーん」とうなった。

「それならねえ、押川さんはこういう仕事をしているんだから、何とかしてくださいよ」

父親の口ぶりには、自分では結論を出したくないという、投げやりな気配があった。

「とにかく、彼を受け入れてくれる病院を探しましょう」

私はそう言って、面談を終えた。


ところがである。

私とスタッフが、受け入れ先の病院探しに奔走している最中、突然キャンセルの電話がかかってきたのだ。私が電話に出ると、父親が横柄《おうへい》な口調で言った。

「入院の話はね、キャンセルにしてください」

「どうしたんですか、突然」

「おたくはね、うちの息子が治らないって言っただろ。それが許せないんだよ。家内もショックを受けたしね。とにかく、もう結構ですから」

先日とは人が変わったような乱暴さで、電話は切られた。

母親はかなり息子に執着している様子だったので、精神科病院に入院させることに、強く反対したのかもしれない。それよりも予想外だったのは父親の態度だ。父親自身は、現状が限界にあることを誰よりも理解していたはずだ。最初の電話では「家を処分してでも何とかしたい」とまで言っていたのだ。その手のひらを返すような豹変ぶりには、さすがに不愉快な思いを抱いた。

しかしその一方で、私には思いつくこともあった。両親は息子に対しても、そのような場当たり的な、自分たちの都合で振り回すような接し方をしてきたのではないだろうか。そうだとすれば、「親が悪い」という息子の言い分も、あながち間違ってはいないのかもしれない……と思えるのだ。

二、どこまでも無責任な親

「娘が、住んでいるマンションでいろいろと問題を起こしていまして……。住人の管理組合からそちらに相談にいくよう勧められたのですが」

父親からの電話を受けたスタッフは、詳細を尋ねた。話していくうちに、どうも移送や本気塾入塾の依頼ではないようだと分かった。それでいて、「とにかく相談にいきたい」の一点張りである。スタッフが有料の面談業務を案内すると、今度は料金を値切ってきたという。スタッフから報告を受けた私は、そこまでする理由を不思議に思いながらも、面談に応じることにした。

当日は、父親が一人でやってきた。母親は病弱で、現在は入院中であるという。

「お金ならあるんですけどねえ」

開口一番、父親は言った。聞けば、父親の実家はかなりの資産家で、これまで生活に困ったことはないという。父親自身もそれなりの企業に勤め、数年前に定年退職したばかりだった。

当の娘は、四十に手が届こうかという年齢である。大学院まで進んだが中退し、その後は特に何もせず、マンションで一人暮らしをしている。それは父親が買い与えた分譲マンションだった。父親は月に何度か、生活費を渡すために様子を見に行っている。

娘が普通ではない状態にあることは、ずいぶん前から気付いていた。なにしろ部屋は荒れ放題で、本人もやせ細り、身体《からだ》から異臭を放っているというのだ。

マンションの管理組合からは何度も連絡を受けていた。部屋からも異臭が漏れており、近隣から苦情が来ていたのだ。しかし父親は、のらりくらりとそれをかわした。

そのうちに本人は、近隣住民のポストに投げ文をしたり、鈍器でドアを叩《たた》いたりするようになった。

「娘が言うには、その住民から嫌がらせをされているらしいんですね。自分が不在のときに部屋に侵入されたり、食事に毒を入れられたりしているとか」

明らかに被害妄想である。だが父親は、その部分には頓着《とんちゃく》していないようだ。

本人はとうとう、マンションの入り口に植えられた樹木を、勝手に切り倒してしまった。しびれを切らした管理組合が私の存在を知り、父親に相談に行くように命じたのである。

父親は以前から、保健所や警察にはこまめに足を運んでいた。しかし、精神科は未受診のままである。本人と父親の関係は良好で、会話にも応じるし、一緒に出かけることもあるという。それでいてなぜ、積極的に医療につなげることをしないのだろうと、私は薄気味が悪くなってきた。父親はさらに言った。

「近隣に迷惑をかけていると言っても、人殺しのようなことまでは、やっていないわけですよ。だから、なかなか措置入院（20頁参照）にならないんですよね」

その口ぶりからは、娘が大きな事件でも起こすことを期待しているような響きさえ、感じられた。しかも、あくまでも本人に刑事責任能力がないことが分かっていて、そのように言っているのだ。ある意味、子供を社会から抹消《まっしょう》しようとしているに等しい。

「本人のためにも、親御さんが動いて、入院させるしかないと思いますが」

私が言うと、父親は無表情のままこちらを見た。

「私が無理やり入院させたら、きっと彼女に恨まれますよ。それで関係が悪くなったら、そのあとは誰が責任をとってくれるのですか？　病院が一生面倒見てくれるわけではないですよね」

「ですが、近隣の方々は被害を被《こうむ》っているんですよ」

「そうなんですよね。これだけ問題を起こしているのに、なぜ警察は速やかに動かないんでしょうかねえ」

父親は、まったく他人《ひと》ごとのように言った。私はさすがに腹が立ってきた。

「そんなこと言っている間に、娘さんが他人を傷つけたらどうするんですか」

「そうなったらなったで、仕方ないでしょう。だいたいマンションなんて、いろんな人が入ってくるんですから。娘みたいな人間が住む可能性があるってことも、分かったうえで皆さん住んでいるんでしょう」

「それはちょっと、あまりにも無責任ではないですか」

「もし本当に娘が違法行為をしているなら、公的機関が動くはずですよ。そういうルールができているんですから、この国は」

もはや話すことは何もなかったが、私はかろうじて尋ねた。

「どうしてわざわざ、うちに相談に来られたんですか」

「マンションの管理組合に言われましたからね、足跡はきちんと残しておかないと」

警察や保健所に相談に行ったのも、きっと同じ理由なのだろう。娘を助けるためではなく、何かあったとき、「○○にも相談に行ったけれど、どうにもならなかった」と釈明をするために、足跡を残してまわっているのだ。

私は内心、言いようのない怒りに打ち震えていたのだが、父親は何も感じていない様子で、悠々とお茶をすすった。

「私はね、ようやく会社を定年退職したところなんですよ。これから余暇を楽しむ権利が、私にもありますからね」

帰り際、父親は相談料を払うと言ったが、私は受け取らなかった。私なりのせめてもの抵抗であり、のちに「押川にこう言われた」などと言わせないための危機管理でもあった。

その瞬間だけ、父親は笑みをこぼした。

数週間後、この父親から連絡があった。娘が警察署に留置されているという。

「このまま何とか精神科病院に入院になるよう、交渉してみます」

父親は言った。私の心には、ただ苦々しい思いだけが残った。

三、お金を払うから殺してほしいという親

相談者は母親だった。

息子はまだ二十代で、現在入院中である。二週間後に退院が決まっているらしく、その後についての相談だった。

「病院から出てきたら、今度こそ殺されかねません」

母親は言った。何かに追い立てられているように、怯《おび》えている。

息子は、同じ幼稚園の子供に突然嚙《か》みつくなど、幼少期から暴力的な面が見られたという。思春期を迎えるとそれは顕著になり、家族にはたびたび、暴力を振るった。

高校はそれなりの進学校に進んだが、大学受験の重圧から自暴自棄になり、交際していた女性にも振られてしまった。元彼女にはしばらくの間、ストーカーのようにつきまとい、それ以外にも、母親のお尻《しり》を触ったり、「女性の陰部を舐《な》めたい」などといった性的な言動が増えた。大学に入学すると、家庭内でさらに暴れるようになった。理由は、友達と喧嘩をしたとか、教授に注意をされたというような、些細《ささい》なことだった。

その間、本人は何度か入院もしている。統合失調症と診断されたこともあったが、どの病院からも、一～三ヶ月で退院を促された。

大学卒業後は定職に就くことができず、無謀な行動はますます増えた。見知らぬ人の車を器物で叩いてへこませたり、学校に忍び込んでガラスを割ったりした。

「これまでに、修繕費だの慰謝料だので、いったい幾ら遣ったことか……」

息子が好き放題できるだけの費用がどこから出ているのか。尋ねてみると、母親は渋々といった感じで口を開いた。どうやら父親は、某大手企業の取締役を務めているらしい。母親は父親の立場を守るためにも、こうして一人、駆けずりまわっているのだろう。

「私はもちろん、他の子供たちも参ってしまって。精神的に不安定になっているんです。とにかく本人は、湯水のようにお金を遣いますし」

これまでの経緯からみても、できるだけ長期で入院できる病院の確保や、入院中の本人への面会、トラブル時の対応など、継続的なサポートが必要と思われた。その提案をすると、母親は即座に尋ねてきた。

「そちらにお願いするとしたら、いったい幾らかかりますか」

私が、最低でも五百万円以上はかかることを告げると、

「そんなにかかるんですか！」

と叫ぶように言い、半身をのけぞらせた。

たしかに、私たちが行う業務の費用は、決して安い金額ではない。たいていの家族が驚くものだが、それにしても、ここまであからさまに反応する人もめずらしい。

母親は黙り込み、しばらくして再び口を開いた。

「生涯入院できるという確約はありませんよね。今までだって、すぐに退院させられていますし」

「もちろん、症状が治まれば退院ということもあります。ただ、ご本人はこれだけの状態ですから、今までみたいに数ヶ月の入院ではなく、時間をかけて治療に取り組めるように、私たちも尽力します」

「だったら、いっそ殺してもらえませんか」

母親は顔を上げて言った。焦点の合っていない瞳《ひとみ》に、逼迫《ひっぱく》感だけがありありと浮かんでいる。私は慌《あわ》てて答えた。

「お母さん、何を言っているんですか！」

すると母親は、自らに言い聞かせるようにして呟いた。

「殺してもらえるっていう確約がなければ、そんな大金は払えません」

「入院治療の線で、もう一度よく考えてみてください」

私はそう告げて、この日の面談を終えた。数日後、気になって母親に連絡を入れてみたのだが、生涯安心できるような解決策でなければ、お金を遣いたくないと言われた。

それからさらに数年後のある日、私は報道で、この息子が殺傷事件を起こしたことを知ったのだった。

ケース4 すべて弟にのしかかる

暴力による家族崩壊

松元誠一（仮名）もまた、激しい暴力性を持った一人だった。

「とにかく子供のときから、人の言うことをきかないんです」

ヒアリングの際、母親は表情をゆがめながら言った。

誠一はなにしろ癇《かん》の強い子供だった。赤ん坊のときは泣いてばかりいたし、幼稚園にあがると、自分のやりたいことしかやらずに園児の和を乱した。約束ごとやルールも無視で、嘘《うそ》をつくことも日常茶飯事だった。

小学生になると、二歳下の弟や、クラスの弱い子供をいじめるようになった。おかげで友達もできず孤立していたが、本人はまったく気にする様子もなく、いくら叱《しか》っても態度を改めることはなかった。母親は何度となく学校に呼び出され、相手に謝罪し、教師に理解を求めるために奔走した。

中学時代は、反抗期と相まって暴力も加わった。気に入らないことがあると物を投げつけ、壁をなぐり、ガラスを割った。親を脅して金を出させ、その金でゲームや漫画を欲しいだけ買ってきた。親の財布から金を盗《と》ることもあった。金銭感覚はまるででたらめで、あればあるだけ遣ってしまった。

虫の居所が悪ければ、誰彼かまわず喧嘩を吹っかける。絡《から》んだ相手が悪く、大怪我を負うほどに仕返しされたこともあった。母親の目には、誠一が異常なエネルギーを持てあましながら生きているように映った。

それは異性に対しても同じだった。気に入った女の子には、なんのためらいもなく言い寄る。たいていの場合、それはすげなく断られたのだが、誠一はしつこかった。何十通もラブレターを書いたり、それでも相手にされないと、相手の家に忍び込んだりもした。今で言うストーカー行為である。

中学は途中から不登校がちになり、高校にはかろうじて進学したものの中退。母親は、誠一の脳に欠陥があるのではないかと考えるようになった。それからは、誠一を連れてあちこちの医療機関を巡っている。神経内科にはじまり、療育センターや心療内科にも通った。発達障害やアスペルガー症候群を疑われることはあっても、「未成年だから」という理由で、はっきりとした診断名はもらえなかった。

何もせずにぶらぶらしている誠一を、母親は施設に預けることにした。共同生活を送りながら、護身術を身につけさせ、心身を鍛えるという施設である。突然、自室に迎えに来た体格のよい職員を見たとき、誠一は震えながら拒絶した。しかし母親は、心を鬼にして誠一を送り出した。誠一が「良くなる」と、盲目的に信じてのことだった。

施設にいる間に誠一は、格闘技の才能を見いだされ、セミプロとして試合にも出た。一年が経つ頃には、規則正しい生活も身につき、見違えるようにたくましくなっていた。施設の職員は、もう少し様子を見ることを勧めたが、母親は誠一を退所させることに決めた。誠一は「家に帰りたい」と訴えていたし、費用も馬鹿《ばか》にならないからだ。

家に戻ってきた誠一は、独学で勉強をはじめ、高卒の認定試験に合格した。その後誠一は、自ら希望してパソコン関連の専門学校に通った。母親は喜び、数百万の学費も惜しみなく払ってやった。専門学校では、少ないながら友達もできたようだった。

誠一に再び異変が起きたのは、専門学校を卒業し、某メーカーの派遣社員になってからである。誠一は社員寮に入居したが、一週間後には、調子を崩して家に戻ってきた。

「寮の人が、嫌がらせをする」

そう言って、寮には戻ろうとせず、仕事にも行かなくなった。

それからの誠一は、思いつめたような暗い表情で、家に閉じこもった。連日、自らの腕に煙草の火を押しつけ、無数の根性焼きの痕《あと》を作っていた。どうしてそんなことをするのかと母親が尋ねると、ぎらぎらとした目を向けて「度胸試しだ！」と呟《つぶや》いた。

暴力は、以前にもましてひどくなった。なにしろ誠一は、施設で格闘技の基礎をみっちりと仕込まれてきたのだ。軽くつかまれただけでも、母親の腕には青あざができた。

ある日、誠一は突然、「俺の一億円はどこだ？」と言って、母親につかみかかった。

「俺の口座に、一億が入ったはずだ！　一億！　一億！」

誠一は母親の首をつかみ、激しく揺さぶった。たまたま家にいた弟が止めに入り、誠一を説得してそのまま精神科病院に連れて行った。

誠一は統合失調症の診断を受け、入院が決まった。

入院中は、一日に何度も電話をかけてきた。言うことは決まっていて、「退院させろ」とわめくか、お菓子やジャンクフード、煙草の差し入れを強要した。院内でも素行が悪く、病棟に設置された公衆電話やウォータークーラーを壊してしまった。誠一が看護師や職員に煙たがられているのは明らかで、早期の退院を促されるようになった。

半年後、母親は誠一の剣幕と病院側の催促に根負けし、退院を決めた。しかし退院後、誠一は二週間に一度の通院も嫌がり、状態は悪化していった。自分の要求に母親が応《こた》えないと、舌をかみ切るという自傷行為もあった。その一方で、「包茎手術を受ける」と言いだして、母親に大金を無心した。

ある日、誠一はいきなり庭に出て、弟の衣類を燃やしはじめた。母親が止めようとすると「家にも火をつけるぞ！」とライターを振りかざしたため、110番通報をした。誠一は駆けつけた警察官にまで金属バットで殴りかかり、警察官通報（精神保健福祉法第二十三条）により、措置入院に至った。

母親との共依存

誠一には弟が一人いる。

「誠一のことを、兄だと感じたことは、一度もありません」

弟は誠一についてそう語った。ものごころついた頃から、弟は誠一のいじめの対象だったからだ。殴られたり蹴《け》られたりするのはいつものことで、やり返せば、さらに倍になって返ってくる。執拗《しつよう》なまでの暴力性は、幼心に恐ろしかった。大切な玩具《がんぐ》を壊され、小遣いを盗まれるのも日常茶飯事だった。

学校にいる間は、誠一と顔を合わせなくてすむ。しかし誠一は、校内でもトラブルを起こしては教師に叱られ、同級生から奇異の目で見られていた。弟は誠一のことがひたすら恥ずかしく、兄弟であることを呪《のろ》った。

弟は誠一を避け、県外での就職を選び、いったんは家を出ている。しかし、再入院した誠一が退院すると聞き、母親を心配して、仕事を辞めて実家に戻ってきた。

退院後の誠一は、さらに自暴自棄の生活を送るようになった。

毎晩、明け方まで、ゲームをするかパソコンをいじっている。それらはすべて、母親から巻きあげた金で買ったものだ。ゲームに負けると、深夜に奇声を発することもあった。

食事の支度は母親にさせ、食べたあとの皿は、食べ残しもそのまま部屋に置きっ放しにした。夏の暑い日などは、誠一の部屋から漂う異臭で、家中にすえた臭《にお》いがした。しかも誠一はひっきりなしに煙草を吸い、煙草が切れると、真夜中でも母親をたたき起こして買いに行かせた。吸い殻は家中のあちこちに投げ捨てられ、いつ火事が起こってもおかしくない状況だった。

ずっと誠一の言いなりだった弟も、実家に戻ってからは誠一に注意をするようになっていた。しかし誠一は、弟に注意をされるとさらに不機嫌になり、嫌がらせのように家具を壊した。

誠一と弟は一触即発の状態だった。そしてあるとき、ささいな諍《いさか》いが大げんかに発展した。馬乗りになった誠一に首をしめられた弟は、誠一を止めようと思い切り殴った。弟に吹っ飛ばされた誠一の怒りは頂点に達し、棚の引き出しから裁ちばさみを取り出すと、弟の顔を切りつけたのだ。

騒ぎに気付いた母親が警察を呼び、誠一は三度目の入院となった。弟の頬には、今でも五センチほどの切り傷の痕《あと》が残っている。

この三度目の入院中に、母親が私のもとへ相談に訪れたのである。母親は当初、医療機関に対する不満ばかりを述べた。

「入院しても薬を増やされるばかりで、二次障害のようなものが出ているんですよ。うちの子は、発達障害とかＡＤＨＤなんですから、その根本を治療したいんです。いい病院をご存じないですか」

聞けば母親は、これまでにもあらゆる病院に相談に行き、障害に関する書物も読みあさっていた。治療に熱心とも言えるが、私にはむしろ、母親が自分の納得のいく病名を誠一につけたいがために、必死になっているように思えた。

評判の良い病院があると聞けば、セカンドオピニオンだと言って入院中の誠一を連れ出し、診察を受けさせた。さらには主治医に、セカンドオピニオンの医師から言われた処方に変えてほしいと求めた。主治医からすれば、面白くないやり方である。実際に母親は主治医から「私の治療方針が気に入らないのであれば、どうぞ転院してください」と言われてもいる。

母親は地元の病院だけでなく、県外の病院にも足を運んでいた。ある病院の医師からは、「家族のことを考えれば家には戻せないから、長い目で診てあげましょう」と言われたそうである。長期入院が難しい昨今において、医師がこのように言ってくれることは、奇跡に近い。しかし母親は「発達障害を治したい」という一心で、この医師の申し出を断ってしまった。

「お母さんの気持ちはわかりますが、医療機関と信頼関係を結ぶことも考えないと、誠一君の居場所がなくなってしまいますよ」

私がそう言うと、母親は泣き出した。

「これ以上、家では面倒みられません。お金がかかるのは仕方ないので、あの子を手放したいんです」

支離滅裂とも言える母親の言動に、私は呆気《あっけ》にとられるばかりだった。

自分の過去はあまり話したがらない母親だったが、私は彼女から少しずつ、家族背景を聞き取っていった。

誠一の父親は、一流大学を卒業後、大手の不動産会社に勤めていた。母親は、子会社に出向してきた父親に見初《みそ》められて、結婚したのだ。父親の実家も不動産業を営んでおり、地方とはいえ、かなりの土地を所有していた。夫婦はその土地に新居を建て、ゆとりある生活をはじめたが、次男が産まれた直後、父親が交通事故で亡くなってしまった。

しかし母親は、夫の死後もその家に住みつづけた。母子三人の生活は、父親の遺族厚生年金と死亡保険金、義理の両親からの援助で成り立ち、母親が働きに出ることはなかった。義理の両親は、誠一の手のつけられない側面には目をつむり、隠れて小遣いを与えるなど、盲目的に可愛《かわい》がった。

義母が亡くなり、義父も身体をこわして退職したあとは、実家の不動産は母親の手にゆだねられた。それ以来、母親はいっそう羽振りが良くなり、誠一が求めるままに金を渡すようにもなった。

私はそこに、母と子の複雑な関係を見てとった。働かずして湯水のごとく金を遣う、その誠一の姿は、母親の生き方をそのまま踏襲していないだろうか。自分に似通う部分があるからこそ、誠一は母親を支配しようとするのである。そして母親は、自らの子育てや責任には目をつむり、「病気」ということで誠一のわがままを許してきた。母子間の利害は奇妙なかたちで一致し、反発しあっているようで実は通じあっている。私にはそう思えてならなかった。

ブラックリスト

「誠一君には今後も精神科での治療が必要でしょう。今の病院に退院を促されているなら、他に受け入れてくれる医療機関を探すしかありません」

私はそう結論を出し、誠一の転院先を探すことにした。

ところが、事態はそう簡単ではなかった。問い合わせの段階では「入院は可能です」という返答だった病院が、誠一の名前など個人情報を知らせたとたんに「ベッドの空きがありません」と答えを変える。県内のどの病院も同じだった。誠一の暴力行為や母親の言動が問題視され、ブラックリスト入りしているのかもしれなかった。県外で探そうにも、住民票のある都道府県以外の地域で入院先を探すのは、いっそう容易ではない。もはや八方ふさがりであった。

そうこうするうちに誠一の退院日が来てしまい、いったん自宅に戻ることになった。母親は体調を崩して検査入院中であり、家には弟と誠一だけである。

私は数人のスタッフを連れ、誠一の家の近くに宿をとった。誠一が何かしらのトラブルを起こすのは時間の問題だと思われたからだ。そして事前に管轄《かんかつ》の保健所と警察署にも赴き、万が一のときには措置入院の対応をとってもらえるよう相談もした。措置入院であれば、県内の病院も受け入れを拒否することはできないはずだ。

弟からは、定期的に連絡が入った。誠一と弟の間では、「退院後は、一日千円でやりくりをする」という約束になっていたが、早くも煙草《たばこ》代が足りないなどと言って難癖をつけているらしい。日中は弟にも仕事がある。その間、私たちはレンタカーを借り、万が一に備えて待機した。

そのまま二週間が過ぎた。誠一はパジャマを裏返しに着たまま外出するなど、常軌を逸した行動はあったものの、決定的となるトラブルは起こしていなかった。しかし一緒に生活をする弟は、常に緊張を強いられているせいか日増しに疲れが見えてきた。

私は次の手を打つことを決めた。以前、誠一のことを「長い目で診てあげましょう」と言ってくれた医師のいる病院に、入院の相談に行ってはどうかと勧めたのだ。弟は、その医師のことをよく覚えていた。

「今までにかかった医師の中で唯一《ゆいいつ》、僕のことも考え、親身になって話を聞いてくれた先生です」

弟にも、医師を信頼する気持ちがある。他県の病院に入院することは非常に難しいのだが、誠心誠意お願いしてみるしかない。弟にはスタッフが同行し、病院に相談に行くことになった。

その間は、誠一を本気塾で預かることにした。彼は、突然家に入ってきた私を、かつての施設の職員だと思ったらしかった。怯えた様子で急に大人しくなった誠一に、私は身分を名乗った。それでも誠一は大人しく私についてきた。

本気塾に来てからの誠一は、終始、落ち着かない様子だった。部屋をうろうろと歩きまわり、空笑《くうしょう》を浮かべている。他の塾生が仕事から帰ってくると、食事の支度をするのをじっと眺めていた。塾生との会話の中で、誠一はこんなことを語った。

「早く結婚したい。理想は、何らかの形で大金が手に入って、嫁さんと好きなことをして暮らすこと。海外に行ったり、海でバーベキューをしたり……」

「仕事は、趣味が仕事になればいい。車のディーラーとかやってみたい。かっこいいスーツを着たりして、女の子に褒められたい」

その日は、向精神薬と睡眠導入剤を服薬してから床につかせたが、それでも眠れないらしく、夜中に何度も起きては、トイレに行った。

翌日、私は誠一を海に誘った。途中で海パンと素潜りの道具を買ってやり、近場の海水浴場まで車を飛ばした。平日のせいか、海岸にはひと気がなかった。誠一は水泳は得意だと言って、何度も海に潜った。素潜りで魚も捕まえ、寮に戻ってから、それを焼いて食べた。さすがの誠一も疲れ切り、よく眠れたようだった。

その日の晩、医師と面談をした弟から、「誠一の入院治療を受け入れてもらえることになった」と報告があった。私は翌日、誠一を説得して病院に連れて行った。

保護者となった弟の苦悩

あれから数年、誠一は医療保護入院（20頁参照）の形態で、入院生活を継続してきた。保護者には、母親ではなく弟がなっている。あのとき主治医が出した入院の条件が、弟が保護者となり、月に一度は誠一の面会に来ることであった。おそらく主治医は、母親と誠一の共依存を見抜いていたのだろう。母親が誠一と接する限り、事態は好転しない。それが主治医の出した結論だった。

弟は主治医との約束を守り、どんなに忙しくとも月に一度の面会を欠かしていない。私も何度か面会に同行したが、弟は毎回、大きなビニール袋をいくつも提げてくる。

「誠一君への差し入れ？　すごい量だね」

「はい。ハンバーガーとポテト、チキン、コーラ、餃子《ギョーザ》、プリン、シュークリーム……。それから煙草がワンカートンです」

「全部持って来いって？」

「一日に何回も何回も、電話が来るんですよ」

弟は苦笑いを浮かべた。まだ年齢も若い弟にとっては、自分の仕事や遊びを優先したい気持ちもあるのだろう。実際のところ、月に一度とは言え、面会を負担に感じる気持ちも芽生えてきているようだった。

それに誠一からの電話の内容は、差し入れの要求だけではなかった。「早く退院させろ」「退院させないと、お前らを殺しに行くぞ」というような脅しの電話が、数え切れないほどかかってきているという。弟が断固として拒否し、母親へも一切、取り次がないようにしているため、いらだった誠一が院内で暴れることもあるようだ。

誠一の問題行動は、それだけではない。あいかわらず院内の器物を破損したり、他の患者への暴力沙汰《ざた》を起こしたりしている。腕への根性焼きや自殺未遂も、止《や》むことがない。専門の治療を受けていても、誠一の凶暴性や自傷他害行為を抑えることはできないのだ。

看護師やソーシャルワーカーなど現場の職員たちは、そんな誠一をもてあまし、これまでに何度も「退院を検討してはどうか」との声が上がっている。しかし治療効果がないからと言って、社会に出たらどうなるか。それは火を見るより明らかだ。

私やスタッフは、病院職員から退院の話が出るたびに、弟に対応策をアドバイスし、主治医との面談や誠一の面会にも同席してきた。正直な話、業務の契約自体はとっくに切れているのだが、年若い弟に、この問題をすべて押しつけるわけにはいかない……、そんな気持ちがあった。おそらく入院を許可した主治医も、弟を見捨てられないという一心で、ここまで長期間、誠一を受け入れてくれたのだろう。

一方で母親は、自分が直接、誠一と接する機会がなくなったこともあり、安心しきって暮らしているという。誠一が求めているのは、その母親が持っている「自由になる金」と「自由な生活」だ。退院や万が一の離院を思うと、所持している土地家屋は早々に処分し、別の場所で暮らしたほうがいいのではないか。私は母親に何度も助言をしてきたが、何かと理由をつけて耳を貸さない。その様子はもはや、現実逃避をしているようですらある。

そうこうするうちに、最近になってとうとう、誠一の主治医が変わってしまった。

突然のことで弟は理由も聞かされていないが、精神保健福祉法の改正（二〇一四年四月施行）により、医療機関が早期退院を推し進める体制に変わったからに違いない。

新しい主治医や職員たちは、弟の意向には耳を貸さず、「家族としての関係を一切、絶てばいい」と言って、誠一に一人暮らしをさせる準備を進めている。今の誠一の状況では、近隣住民など第三者とトラブルを起こす可能性は限りなく高く、傷害など重大な事件に発展する可能性も否《いな》めない。あるいは実家に戻ってきて、家族を殺害しないとも限らないのだ。実際に、弟が「事件や事故が起きたら、どうするのか」と主治医に詰め寄ると、口を濁してしまったとも聞く。しかし、この流れはもはや止められそうになく、今後の家族の危機管理を考えていかねばなるまい。

肝心の母親は、誠一の退院話を聞いて、半狂乱ともいえる様相を見せた。冷静に具体的な話し合いをしようとはせず、病院や主治医の悪口を延々と並べ立てているだけだ。そしてついには、

「生涯入院させてくれないなら、いっそのこと病院が殺してくれればいいのに……」

とまで漏らした。

私は母親の言動に、誠一の人格が無軌道なまでに荒廃した理由を、見たような思いがした。

ケース5　母と娘の壊れた生活

生死すら分からない

「母親と連絡がとれないんです……」

和田晴美さん（仮名）の妹は、そう言った。

妹は三十代後半で、すでに結婚して子供もいる。実家には、もう何年も帰っていない。父親はすでに亡《な》くなり、関東近郊の一軒家に住んでいるのは、四歳年上の姉の晴美さんと、母親だけだ。

妹は幼い頃から、晴美さんから叩かれたり髪の毛を引っ張られたりと、理不尽ないじめを受けつづけてきた。学校から帰宅すると部屋に閉じ込められ、友達と遊びに行くこともできなかったという。

母親は晴美さんを叱ってはいたが、いつも激しく言い返され、そのうちに叱ることもしなくなった。晴美さんには親しい友人もおらず、学校も嫌々通っていた。母親にしてみれば、そんな晴美さんを不憫《ふびん》に思い、甘やかしてしまう面もあったのだろう。姉妹の折り合いは悪かった。妹は晴美さんとの口論の果てに、突き飛ばされて額を数針縫う怪我《けが》をしたこともある。妹の額から血が噴き出しても、晴美さんは表情一つ変えず、平然としていたという。妹は、「このままではいつか姉に殺される」とまで思いつめた。高校受験を控えていたこともあり、真剣に実家から出ていくことを考え、寮のある高校に進学したいと母親に告げた。

ふだんは疲れ切ってぼんやりとしていることの多い母親だったが、妹の決意を聞くと、めずらしく強い口調で「そうしなさい」と言ってくれた。母親の後押しもあって、妹は希望の高校に合格し、十六歳で実家を離れた。

その頃の晴美さんは、大学受験に失敗したこともあり、部屋にこもりがちだった。物音に敏感になり、真夜中に「誰かに覗《のぞ》かれている！」と言って母親をたたき起こすなど、被害妄想と思《おぼ》しき兆候も出ていたという。

一方で妹は高校生活を謳歌《おうか》し、その後、大学に進学した。学費や一人暮らしのお金は、母親が出してくれた。実は父親の死後、多額の保険金や遺産が母親の懐《ふところ》に入っていたのだ。だからこそ、母親と晴美さんは、働かずともなに不自由ない生活を送ることができていた。

妹は、母親とは定期的に連絡をとり、外で会うこともあったが、実家には近寄らなかった。話に聞くだけでも、晴美さんの状態がどんどん悪化している様子だったからだ。晴美さんは三十歳を過ぎると、就職も結婚もしていないことに焦《あせ》りを覚えるのか、被害妄想はますます激しくなっていた。

「こんな風になったのはお前のせいだ」と母親を責め、母親の手料理は「毒を入れただろう」と疑って手をつけない。晴美さんの命令で、母親は毎日、近隣のファーストフード店までハンバーガーを買いに行っていた。晴美さんは母親が買ってきたものを厳しくチェックし、ストローが一本足りないだけでも、店に苦情を言いに行かせた。掃除や洗濯にしても「掃除機の音がうるさすぎる」「洗濯でセーターが縮んだから弁償して」などと逐一言いがかりをつけるため、母親は家事すらも放棄するようになった。母親が何かミスを犯したり、晴美さんの言うことに従わなかったりすると、物を投げる、腕をつねる、足で蹴《け》るなどの暴力もあるらしい。

妹は何度も、晴美さんを精神科病院に連れて行くべきだと母親を説得した。しかし母親が言うには、病院の話をすると、晴美さんの機嫌が悪くなり手がつけられなくなる。母親はこのままひっそりと暮らしていくことを望み、妹はもどかしく思いながらも、手をこまねいていた。

母親と晴美さんが外部との接触をほとんど絶って生活する間に、妹は大学を卒業して就職した。職場で出会った男性と結婚し、子供にも恵まれたが、母親には電話で報告をしただけだ。結婚前に、実家の状態について夫に告げると、「自分たちに害がないなら、気にしない」という答えが返ってきた。

母親はどんどん疲弊していき、妹が電話で連絡をとるたびに、身体の調子が悪いと訴えた。病院に行くよう促すと、「晴美が許してくれないから」とこぼす。晴美さんの許可がなければ、外出もできないのだ。このままでは母親が死んでしまう……妹は不安を抱き、保健所などにも相談をしたが、具体的な解決策は得られなかった。

その母親と、半年ほど前から急に連絡がとれなくなってしまった。実家を訪ねてみようと思ったものの、晴美さんに会うことを考えると、どうしても足がすくんでしまう。そしてインターネットで情報収集をするうちに、私の事務所にたどり着いた。

「母親を、あの家から助け出したいのです」

妹は言った。

「そのためには、晴美さんを医療につなぐことが先決でしょうね」

私が答えると、妹は深くうなずいた。

晴美さんは四十代で、精神科の入通院歴はない。このような精神科未受診のケースでは、本人に受診の意思があればともかく、なければ、受け入れ先の医療機関を探すこと自体、困難なことである。年齢が上がるほど治療が難しくなり、看護師など職員の負担も大きくなるからだ。とはいえ事態は逼迫《ひっぱく》しており、二の足を踏んでいる暇はない。私はスタッフに、入院先の医療機関を探すよう命じた。

そもそも一日も早く、二人の生存を確認する必要があった。妹はもう二十年以上も実家には足を踏み入れておらず、この半年は連絡すら取れていない。最悪の事態も想定して、移送の日は警察官にも来てもらうしかないだろう。私の考えを妹に告げると、そこまでは想定していなかったのか、弱々しい声で言った。

「そうですね。そういうこともありますよね……」

晴美さんを医療につなげること自体は、ハードルは高いが、できるだろうという自信があった。だが一方で、どうしても確認しておかなければならないことがあった。面談の最後に、私は妹に尋ねた。

「お母さんには、晴美さんの状態を健全に判断する力がなくなっていると思われます。そうなると今後、晴美さんを支えられるのは妹であるあなたしかいません。いろいろと面倒なことも降りかかってくるでしょう。それでも晴美さんの保護責任者となって、助けるという選択をしますか？」

病気の人を助けるのは当たり前のことである。私も常々、本人を助けられるのは家族だけだし、家族が動かなければ何もはじまらないと訴えてきた。しかしこの妹は、実家の家族とは長らく縁を切って生活し、人生を築いてきた。今は妹自身、家庭を持っている。自分の生活を守ることを考えたときには、今後も晴美さんに一切関わらないという選択肢も、ある。どちらを選んでも、妹を責める気にはなれない。

私の言葉に、妹は深く考え込んだ。私に相談に来るまでは、医療にさえつなげれば、晴美さんが自立し、親子関係も修復できるだろうという甘い考えがあったようだ。しかしすべてが自分にのしかかってくるとなると、話は変わってくる。結論が出たら連絡をもらうことにして、その日は面談を終えた。

数日後、妹からの電話があった。

「正直言って、姉のことは、どうなってもいいと思っています。でも母は……昔、私を逃がしてくれたという感謝があります。母を見捨てることはできません」

妹は夫にも相談したが、会ったこともない義理の姉に嫌悪感《けんおかん》を示すばかりで、協力は得られそうにないという。それでも妹は、自らが保護責任者となって晴美さんを医療につなげることを選んだ。妹の出した結論を、私は黙って受け止めた。

ザンバラ髪の晴美さん

緊急性が高いという事情から、入院先は思ったよりスムースに確保することができた。ただし、病院側は相談の時点からすでに「二〜三ヶ月の入院で様子をみましょう」と結論を出してきた。長期の受け入れはしない、と先手を打たれたような形だったが、入院先が見つかっただけでも良かったと思わなければならない。

それから私は、妹と一緒に所轄の警察署を訪れた。事情を説明すると、担当の警察官は言った。

「個人情報保護のため詳細は申し上げられませんが、実は以前から、近隣住民の方が相談に来られていたんです」

妹は、母親から似たような話を聞いたことがあった。晴美さんの被害妄想が原因で、近隣住民とトラブルを起こしたという話だ。しかし相手が警察にまで相談に行っているとは思っていなかった。妹が認識していた以上に、晴美さんの状態は悪いようだ。

警察としては、事件や事故でも起きない限り介入することは難しく、様子を見守っていたようだ。入院の予定を告げると、警察官は安堵《あんど》の表情を見せ、生存確認のために移送当日に自宅に来てほしい、というこちらの願いにも、快く応じてくれた。

移送の日は、三月だというのに冬に舞い戻ったかのような、肌寒い日だった。私が晴美さんの自宅に到着したときには、すでに数名の警察官が自宅前で待機していた。曇り空のせいもあるのか、自宅の周りには寂しげな気配が漂っていた。すべての雨戸が閉めきられ、玄関のドアノッカーは、誰も触れないように上からガムテープが貼《は》り付けてある。

私は妹とともに玄関へ向かった。後方には警察官も待機している。チャイムを鳴らしてみたが反応がない。しつこく押し続けると、ようやく年輩の女性が顔を出した。

「お母さん！」

思わず叫んだ妹を見て、母親は驚いたのか目を丸くした。さらに私を見て、怪訝《けげん》そうに眉《まゆ》をひそめた。顔色は悪く、頰がこけている。だが、とりあえず母親が生きていたことに安堵し、私は名前を名乗った。

「娘さんがお母さんのことをとても心配されて、様子を見に行きたいとおっしゃるので一緒に来ました。晴美さんにお会いしたいのですが、お邪魔してもよろしいでしょうか」

私の背後に、制服姿の警察官が並んでいるのが見えたのだろう。母親は思いの外あっさりと、玄関ドアを開けてくれた。

家の中は薄暗かった。雨戸だけでなく、カーテンも締めきられている。台所の出窓には、内側から新聞紙が貼ってあった。新聞紙は端が破れかけて色も薄れており、長年、その場所に存在したことを告げていた。それでいて、どこの部屋にも電気は点《つ》いていない。

台所のすみには、ゴミ袋がうずたかく積まれていた。口が開いたままのファーストフード店の紙袋や、ビールの空き缶なども、あちこちに転がっていた。床一面が、ゴミなのか何なのか分からない堆積物《たいせきぶつ》で埋め尽くされていた。

母親が晴美さんの部屋のドアを開けた。部屋の中はやはり暗く、足の踏み場もないほど物があふれている。無造作に放り投げられた衣類、ビデオテープやCD、雑誌、スナック菓子の空き袋やジュースの缶……。晴美さんの好みなのか、キャラクターのぬいぐるみやタオル、ポーチなどが散乱しているのが目に入った。

晴美さんはゴミだらけの部屋の真ん中で、正座をしていた。顔には脂《あぶら》が浮き、黒い髪は自分で切ったのか、顎《あご》のあたりでバラバラにカットされていた。

「おはようございます。押川と申します」

私が挨拶《あいさつ》をしても、晴美さんは無言のまま、表情も変えずにこちらをじっと見据えている。

「今日は、晴美さんとお話がしたくて来ました。ちょっと、リビングのほうへ出てきてもらえませんか」

晴美さんは私の問いかけには答えず、首を伸ばして母親の姿を探し、大声をあげた。

「お母さん！　なんなの、この人たち！」

「お母さんならリビングにいらっしゃいますよ」

「なんなの？　勝手に人の家に入ってきて！　警察を呼ぶから！」

晴美さんが叫んだので、私は間髪入れずに言った。

「晴美さん、今日は警察の方もいらしているんですよ。ご近所の方と、いろいろあったようですね。皆さん、心配して来てくれたんですよ」

晴美さんが一瞬、黙ったところで、警察官も病院に行くことを勧めてくれた。晴美さんは二人の警察官に促されるようにして、ゴミだらけの部屋から出てきた。

リビングで、晴美さんと母親が向き合った。母親はリビングの隅っこで、黙って目をふせている。晴美さんも無言のまま、母親をきつく睨《にら》みつけた。小柄な晴美さんの身体から、強烈なまでの敵意が放たれていた。

病院までの道中、私がどんなに話しかけても、晴美さんは頑《かたく》なに無言を貫いた。到着後、私が降車を促すと、晴美さんはその手を思い切り振り払った。そして倒れるようにタクシーから飛び出し、「歩けない！」と叫んで道路に崩れ落ちた。玄関で到着を待っていた病院職員が慌てて駆けより、晴美さんを抱きかかえて連れて行った。

妹が入院手続きを終えたあとで、私たちは再び自宅に戻った。家の中をぐるりと見てまわると、物だらけなのは晴美さんの部屋だけではなく、母親の部屋もまったく同じ状態だった。洗面所や風呂場《ふろば》はカビでまっ黒になり、台所のガス台は埃《ほこり》で白くなっていた。

母親はリビングのソファに腰掛けたまま、妹が戻ってくるのを待っていた。二人が会うのは数年ぶりのはずだったが、母親は妹に言葉をかけるでもなく、晴美さんがいなくなったことに、呆然《ぼうぜん》としている様子だった。

「あんなふうに病院に連れて行ったりして、晴美がかわいそうじゃないかねえ」

「でも、このままじゃ、お母さんが倒れてしまうでしょう」

母と娘の間で、そんな会話が交わされた。妹のやるせなさを思うと、私はやりきれない気持ちになった。

「母も衰弱しているので、これから病院に連れて行こうと思います。今日はほんとうにありがとうございました」

妹はそう言って頭を下げた。タクシーに乗り込む二人の手が、固くつながれていることだけが、唯一の救いであった。

奴隷《どれい》となった母親

入院の際、突如歩けなくなった晴美さんは、「多発性硬化症」と診断された。脳や脊髄《せきずい》などの一部の働きが悪くなる病気で、晴美さんは下半身が動かなくなった。また晴美さんは入院後、発語を失い、妹だけでなく医師や看護師とも、筆談をするような状況であった。

妹は、月に一度は晴美さんの面会に訪れたが、晴美さんは「母親と連絡をとらせなさい」「このまま病院に閉じ込めておくつもりですか」「あなたに何の権利があるのですか」と書いたメモを渡すだけだった。母親に対する暴言や暴力を指摘すれば「そんなことはしていない」と言い張り、近所とのトラブルに関しては、「隣の家が悪い」の一点張りである。

その一方で、差し入れの要求は激しかった。歯ブラシや石鹸《せっけん》などの日用品は品名まで細かく指定し、それ以外にも菓子やＣＤ、雑誌などの嗜好品《しこうひん》を、Ａ４用紙いっぱいに書いて送ってくる。言われるままに送っていたら、お金はかかるし、病室が自宅と同じようなゴミ部屋になってしまう。そう思った妹は必要な物だけを選んで送っていたが、晴美さんは納得しない。「どうして全部送ってくれないのですか」「入院なんてさせられて辛《つら》いです。自殺するつもりなので、最後くらい好きな物を送ってください」という、脅しともとれる手紙が届く。

もともと人付き合いが苦手で自己中心的な性格の晴美さんである。院内でも、他の患者とは一切関わろうとせず、作業療法などにも参加していない。「鼻歌を歌われてイライラする」「引き出しの開け閉めがうるさい」など、同室の患者の一挙手一投足に不満を抱き、筆談で看護師にあれこれと文句をつけることもあるという。病院の職員たちが、晴美さんを疎《うと》ましく思っていることは、妹にも感じられた。

移送当日は激しく衰弱していた母親だが、数ヶ月に及ぶ入院治療ののち退院した。私は元気になった母親に会いに行き、晴美さんとの生活について尋ねていた。

「被害妄想っていうのか、それがひどくて、だんだん手に負えなくなってしまいました」

母親の口調はあくまでも淡々としたものだったが、その生活ぶりは壮絶なものだった。

晴美さんは常に外の物音を気にし、自宅の前を誰が通ったか、母親に書き留めておくように命じた。風呂場の給湯器が壊れても、「家に知らない人を入れたくない」と言い張り、業者を呼んで修理することもできなかった。晴美さんと母親は、夏は水風呂、冬は薬缶《やかん》で沸かしたお湯を持って風呂に入るという生活を、何年も続けていた。「覗《のぞ》かれている」と言ってトイレに行くのを嫌がり、おむつをつけていた時期さえあったという。

晴美さんのこだわりの強さは、年々強固なものになった。キャラクターグッズを集めるのが趣味で、レアアイテムがあると聞けば、どんなに遠方でも母親に買いに行かせた。好きな歌手のＣＤやファッション雑誌なども、同じ物をいくつも買わせ、手に入らないと激怒した。しかし、それらのほとんどは、開封もされないまま部屋のゴミと化した。

母親に買わせていたのは、それだけではない。「一人暮らしをしたい」と言って、新築のマンションを購入させたこともあるというのだ。もちろん家にこもりきりの晴美さんがそのマンションを訪れることはなく、放置されたままになっている。

暗い穴蔵のような家で、社会的な営みからはずれ、父親の残した遺産を食いつぶすだけの生活。母親の話を聞いて、私は思わずため息をついた。

「夫が死んでから、私が甘やかしてしまったから、いけないんでしょうね。あんなにわがままで、このまま大人しく入院していられるかしら。でも自由に好きな物も買えないんじゃ、晴美がかわいそう」

母親は言った。他人事《ひとごと》にさえ聞こえるような、感情のない声色だった。

妹の葛藤《かっとう》

入院から三ヶ月が過ぎると、病院から晴美さんの退院を促されるようになった。そこで妹は、再び私たちに助けを求めてきた。

「姉の精神状態は、よくなっているとは思えません。それに下半身も麻痺《まひ》したままで、どうやって退院後の面倒をみろと言うのでしょうか……」

家族を助けたいという使命感で動きはじめた妹だったが、晴美さんとは心を通わせることもできず、早くも疲れ切っていた。私からみても、家庭も仕事もある妹に、晴美さんの面倒がみられるとはとても思えなかった。私は、もっとじっくり晴美さんの治療に取り組んでもらえる病院への転院を提案した。下半身の麻痺が治り、会話を交わせるようになったら、自立支援施設への入所など次のステップを考えなければならない。

それにしても、懸念《けねん》されるのは、晴美さんと母親との関係だった。晴美さんの入院後、母親は一度も面会をしておらず、妹の話では、「面会したい」と言うこともないそうだ。二人で住んでいた自宅はすでに売り払い、母親は新たに住まいを購入している。今では健康を取り戻し、絵画教室に通うなど趣味を楽しんでいるともいう。母親は晴美さんの今後をどう考えているのか、妹に尋ねてみた。

「母親は、もう姉と一緒に暮らす気はないと思います」

妹は言った。「晴美がかわいそう」と言ったことなど忘れてしまったかのように、最近では妹から話題に出さない限り、晴美さんのことを話すこともないという。

その母親の思いは、晴美さんとの面会の際に何度も伝えている。しかし晴美さんは、妹に対して「嘘《うそ》つき」「全部あんたの差し金でしょう」と罵《ののし》りの言葉をぶつけ、元の住所宛《あて》に母親への手紙をせっせと出している。転送されて妹が受け取ったその手紙を私も読ませてもらったが、そこに後悔や反省の色はなかった。ただひたすら、母親の育て方を責め、責任を取れとばかりに退院を求める言葉が並び、妹への恨み辛みも書かれていた。

妹は正直なところ、すべてを投げ出したいと思うこともあると言う。しかし妹が手を放したときには、晴美さんは間違いなく、母親の元へ戻るだろう。もし二人が一緒に暮らすことになれば、おそらく元の生活に戻るだけである。

妹があれこれと頭を悩ませ心を痛めている横で、母親は二人の娘の存在を忘れたかのように、日々を謳歌している。これまで苦労を背負ってきた母親の心情を思えば、それも一つの生き方なのかもしれない。そう思いながらも私は、冷たい風が心を吹き抜けていくのを感じた。

ケース6　親を許さない子供たち

息子が暴君に

田辺家の両親は、心身ともに疲れ切っていた。本来であれば安らかであるはずの自宅は、両親にとって恐怖の場でしかなかった。

田辺家の一人息子、卓也（仮名）は三十代。有名私立大学を卒業後、一部上場企業に就職したものの、研修の段階で辞めてしまった。「思っていた仕事と違う」「同期のレベルが低すぎて、やっていけない」などと言い、離職後は「うつ病かもしれない」と、自ら心療内科にも通った。それから十年以上、アルバイトも含め仕事に就いたことはなく、社会との関わりもほとんど持たずに来た。現在は、中部地方の一軒家で両親と同居している。

「とにかく束縛がひどくて、私たちは眠る時間もないのです」

私の事務所へ相談に訪れた両親は、そう訴えた。二人とも顔色はひどく悪く、頬もこけている。いったい息子の何が、彼らをそこまで追いつめているのだろうか。私は、卓也の日常生活について、両親から聞き取っていった。

田辺家は共働き家庭のため、母親は毎日、卓也の昼食を作り置きしている。その後、彼が好んで飲んでいる清涼飲料水が冷蔵庫に入っているかを確認し、菓子パンやスナック菓子をテーブルに並べてから家を出る。

卓也が起きてくるのは、だいたい昼過ぎである。母親の作った食事を食べ、それからはアニメを見たり、パソコンをいじったりと、ほとんどの時間を自室で過ごしているようだ。夕方六時過ぎ、母親が仕事から帰ると、卓也からメモを渡される。そこには、母親への指示が書かれている。たとえば、「レンタルビデオ店に行って、○○のDVDを借りる」「コンビニで、○○の菓子を買う」といった指示である。私は、母親が持参したメモを見せてもらったが、手の平サイズの紙は、癖のある細かい文字で埋め尽くされていた。しかも、そのメモは、ほぼ毎日渡されるという。母親は帰宅後、ひと息つく間もなく家を出て、車を走らせる。もたもたしていると、卓也の機嫌が悪くなるからだ。

「一人で出かけられる日は、まだいいんです。目的地だけさっさと廻ればいいのですから。でも三日に一度くらい、卓也が一緒に行きたがることがあって。そうなると、卓也に付き合ってレンタルショップや本屋で何時間もうろうろすることになります。本当に疲れます」

そして帰宅後は、すぐに夕食の支度にとりかからねばならない。ばたばたと動きまわる母親を尻目《しりめ》に、卓也はさっそく、借りてきたDVDを見はじめる。夕飯の支度が整い、ようやく食卓についても、気を抜くことはできない。卓也がメニューに文句をつければ、おかずを作り直さなければならないのだ。

母親を特に悩ませているのは、彼のこのこだわりの強さだった。あれが食べたい、食べたくない、あれがしたい、したくないなど、日によって言い分はコロコロと変わる。過去には、わがままと思ってたしなめたこともあったが、卓也を苛立《いらだ》たせ、逆に何時間も詰問《きつもん》される羽目になった。それ以来、卓也の要望には大人しく従うようにしている。そのせいか今では、「見たいDVDがある」「あのジュースが飲みたくなった」などと言って、夜中にたたき起こされることも増えた。

食事中に観《み》ているテレビの内容によっては、卓也の演説がはじまる。バラエティ番組でふざけている芸人を見て「日本は堕落している!」と叫び、やがて「テレビを作っている人間がくだらないからね。バカが多すぎる!」などと、社会への批判となっていくのが常である。母親は精一杯気を遣い、卓也に賛同するしかない。高学歴という自負があるせいか、卓也は政治家や官僚、マスコミなどを非難するのが好きだった。本人は建設的な議論を楽しんでいるつもりだが、母親にとっては、つまらない愚痴を垂れ流しているようにしか聞こえない。同じ話題を繰り返され、うんざりすることもある。しかしそれを顔に出したり、気のない返事を返したりはしない。そんなことをしたら、彼の非難が自分に向かってくるからだ。卓也は毎晩、気が済むまでリビングに居座り、母親相手に話しつづける。それは深夜の二時、三時にまで及ぶこともあった。

二人の食事が終わる頃、父親が帰宅する。国家公務員である父親の生活は、どこまでいっても仕事中心である。休みの日は家族で食卓を囲むこともあるが、卓也と母親の会話にはほとんど口を挟まないという。

「今にはじまったことではないんですけどね。主人は昔から、子供とほとんど会話がありませんでしたから」

母親が言った。私と話をしている間、母親は常に父親に遠慮をしているような雰囲気があったのだが、このときばかりは口調にとげとげしさが感じられた。私は尋ねた。

「お父さんが卓也君を叱《しか》ったり、真剣に向き合って話をしたりしたことは？」

父親は、考える様子もなく、あっさり答えた。

「ありませんねえ。仕事が忙しいですし、家内と息子はうまくやっているとばかり思っていましたから」

卓也が家にひきこもり、何かと母親を困らせるようになっても、父親は何も言わなかった。関心がなかったのかもしれない。そのせいなのか一年ほど前から、卓也の攻撃は父親にも向かうようになった。父親はそれすらも黙ってやり過した。

「あの子が何かを言い出したときには、感情に蓋《ふた》をするようにしています。こちらが何かを言っても言わなくても、いったん火がついてしまえば、止められないですから」

一度感情に火がつくと、卓也は自分自身が疲れるまで、何時間でも親をなじった。

「なんで俺の言うことが理解できない」「俺をこんな風にしたのは、お前たちだ」などと親を責めることもあれば、何を言っているのか聞き取れないほど甲高い声で、ひたすら叫んでいることもあった。ときには壁やテーブルをたたき、皿を割り、物を投げつけた。足を蹴《け》られたり、突き飛ばされたりしたこともある。一度は110番通報をして警察を呼んだが、警察官が到着するなり卓也は大人しくなり、両親に謝罪までしてみせた。大怪我《おおけが》をしたわけでもなかったため、被害届の提出には至らなかった。

「今では家の中で王様みたいに君臨して、まるで暴君です。さすがに私も参ってきましてね。仕事にも差《さ》し障《さわ》りが出てきましたし……」

父親は自分が被害に遭うようになってはじめて、重い腰を上げたのだ。

家庭内ストーカー

私の事務所へもたらされる相談事例の中で、田辺家のようなケースは近年、爆発的に増えている。年齢は三十代から四十代が主で、ひきこもりや無就労の状態が長くつづいている。暴言や束縛で親を苦しめる一方で、精神科への通院歴があることも多く、家族は本人をどのように導いたら良いのか分からないまま手をこまぬいている。

そしてもう一つの特徴は、本人に立派な学歴や経歴がついていることである。中学や高校からの不登校というよりは、高校までは進学校に進みながら、大学受験で失敗した例や、大学卒業後、それなりの企業に就職したが短期間で離職したような例が多い。強烈な挫折《ざせつ》感を味わいながらも、「勉強ができる」という自負がある。ある程度の法律の知識も持ち合わせ、家族に暴力を振るうにしても、手加減することを知っている。警察を呼ばれれば、とたんに大人しくなる。卓也もまさに、このタイプと言えた。

母親は彼が仕事を辞めた直後、このままではいけないと、再就職を勧めていた。しかし本人は、「公認会計士の資格を取る」と言って、親に学費を捻出《ねんしゅつ》させ、専門学校へ入学した。そして、一ヶ月と通えずにやめている。「講師の教え方が悪すぎる」というのが、その言い分だった。母親は「就職がムリなら、アルバイトでもしてみたら」と助言したが、本人が激昂《げきこう》して拒否したため、何も言えなくなった。ここにも、高学歴というプライドが見え隠れしている。

日がな一日、家にいるようになり、卓也は母親をこき使うようになった。日中も、たとえば「トイレの電球が切れたから換えてほしい」といった些細《ささい》な用事で、職場にまで電話をかけてきた。いつしか職場の人から奇異の目で見られるようになり、母親は正社員の職を辞して、融通の利《き》くパートタイムの仕事に変えた。

かといって、卓也は完全なひきこもりとは言えない。コンビニやレンタルビデオ店、本屋にはしょっちゅう出かけていたし、好きな映画やアニメのイベントがあると、嬉々《きき》として外出する。ただし、必ず両親のどちらかに同行を強要した。というのも、田辺家の住まいは交通の便が悪いところにあり、車かバスがなければ移動が難しいのである。卓也も免許を持っているが、数年前に物損事故を起こして以来、運転を嫌がるようになった。

また同じ頃、一人で外出して、ある店の店員とトラブルを起こしていた。

「店員と押し問答になって、警察を呼ばれたようです。私がかけつけたときには、卓也は明らかに様子がおかしくて、とても興奮していました。そのせいか警察が仲裁に入ってくれて、相手の方にも許してもらえたのですが」

母親曰《いわ》く、そのトラブルも元はと言えば、卓也が店の商品に難癖をつけたことが原因だった。しかし卓也はしばらくその件を根に持ち、ことあるごとに店員の名前を出しては、「いつか絶対に仕返しする」などと言っていたそうである。

車の事故と他者とのトラブルが重なり、卓也は「外には敵がいる」と言うようになった。以来、一人での外出を嫌がるだけでなく、防犯にもこだわるようになった。親に命じて玄関に防犯カメラを設置させ、ホームセキュリティサービスの契約も結ばせた。玄関の鍵《かぎ》だけでも、もう五回も変えている。さほど住宅が密集しているわけでもない田舎町で、お金をかけて防犯をしているのは田辺家くらいである。それでも家族で出かけた際に、「鍵を閉め忘れたのではないか」と言い出して引き返したり、真夜中に「誰かが庭にいる」と両親を起こしたりする。

そういったことから、両親は慢性的な睡眠不足に陥り、心身共に疲れ切っているのである。母親のほうは、パートを辞めれば体力的には楽になるが、一日中、自宅で卓也と一緒にいるのも辛《つら》い。一挙手一投足を見張られ、ひとたび地雷を踏んでしまえば、暴言が延々とつづく。何をするにも、卓也を中心に生活をまわさねばならず、二十四時間三百六十五日、拘束されているようなものだ。言ってみれば、家庭内ストーカーである。

「卓也を隣に乗せて運転していると、このまま車を走らせて、海にでも突っ込んでしまおうかと思うことがあるんです」

母親は言った。その青白い顔には、もはや何の感情も浮かんでいなかった。

ストーカーと親子の関係

家庭内ストーカーという表現をしたが、実際にこの親子関係は、一般的な異性間(元交際相手や元夫婦)のストーカーと、構造がよく似ている。親への執拗《しつよう》な攻撃、抑圧、束縛、依存、そして一線を越えたときには殺傷事件に至るところも、まったく同じである。

田辺家の事例からは話が逸《そ》れるが、私は過去に、ストーカー行為をやめない男性を、親からの依頼で精神科医療につないだことがある。

その男性は当時二十代で、事件を起こすまではごく普通の生活を送っていた。ところが、交際相手に振られたことをきっかけに、心のバランスを崩してしまった。相手の女性に執拗にメールを送りつけ、アパートのポストに油を流し込んだり自転車に犬の糞《ふん》をなすりつけるなどした。さらには女性の部屋に不法侵入し、警察から厳重注意を受けたのである。両親はそこではじめて子供の異変に気づき、説諭を繰り返したが、ストーカー行為は一向にやまず、最後は女性に刃物を突きつけ、逮捕されてしまった。

女性側の意向により不起訴となったが、その後も本人は自室にひきこもり、入浴や食事もまともにせず、昼夜逆転の生活を送っていた。家族との会話もほとんどなく、口をひらけば「元交際相手を殺したい」「一緒に死にたい」と訴えるため、困り果てた親が、私のところへ相談に来たのだ。

「相手の女性を傷つけるくらいなら、私が息子を殺すしかない」

父親は目を真っ赤にして、絞り出すように言った。私は、本人だけでなくこの両親も助けなければという感情にかられ、業務を受けることにした。

本人に会って話をしてみると、初対面の私に対してまで「悪いのは向こうだ！」「なぜ自分だけが逮捕されなければならないのか！」と食ってかかり、元交際相手への恨み辛みが肥大していることは明らかだった。自身の言動が社会規範に反していることや、家族を苦しめているという認識もなく、ただひたすら、元交際相手への怨念《おんねん》を抱き、「死」に取り憑《つ》かれているように、私には思えた。

他にも自傷他害の恐れが見受けられたこともあり、専門家による心のケアを受けさせるためにも、精神科医療の力を借りるほかないと、私は結論を出した。とはいえ、今でこそ「ストーカーは心の病気である」と明言する精神科医もいるが、当時はそういった風潮はまったくなく、入院先の確保だけでもたいへんな苦労があった。そして私は彼を説得し、医療保護入院というかたちで医療につないだ。

「死」を望んでいた彼にとって、入院は不本意であったに違いない。しかし幸運だったことの一つは、入院先の医師との相性が良く、人間関係を結べたことだ。そしてもう一つは、両親の仲が良く、タッグを組んで彼に立ち向かったことである。そもそも彼が入院を受け入れたのは、両親が彼に、その身を案じていること、愛していることを、心の底から伝えたからである。「お父さんとお母さんがそこまで言うなら」と、彼も腹を決めたのだ。

私は、入院後も両親と連絡を取り合い、アドバイスを重ねていたが、「そろそろ落ち着きそうです」という報告があって、業務も終了となった。それからさらに時間が経《た》ち、久しぶりに両親に経過を尋ねてみると、彼は数ヶ月の入院後、数年に亘《わた》り通院して精神療法を受け、今では働いて自立していた。目立ったトラブルもなく、家族の仲も良好に向かいつつあるという。その報告を受け、私は非常に嬉《うれ》しくなると同時に、彼を支えつづけた両親の深い愛情と胆力に感動した。

実はこのケースでは、交際中に彼が相手の女性から、浮気を繰り返されたり欠点を嘲笑《ちょうしょう》されたりと、ひどい言動を受けていた、という事実があった。もちろん、だから言って法に抵触《ていしょく》するような行為をしていいというわけではない。しかし、他のストーカー事件の報道などを見ていても、このような背景があったのではないかと感じることは、たびたびある。

事件化したときには「加害者（男性）」「被害者（女性）」の関係であっても、交際時における「心」の支配関係は逆で、「被害者（女性）」が「加害者（男性）」に常に気を遣わせ、心を砕かせているのだ。これは男女が逆になっても、同じことが言える。「加害者」は相手の思わせぶりな行為に、「唯一《ゆいいつ》の人」とのめり込み、金銭やプレゼントを貢《みつ》いだり、嫌な言動も我慢したりする。しかし最後になって一方的に別れを告げられ、関係をシャットアウトされるのだ。

このような男女関係のパワーバランスは、昔からあったはずである。かつてはこういうことがあっても、「そもそも信頼関係がなかったのだ」「自分が馬鹿《ばか》だったのだ」と、納得できる人のほうが大多数だった。しかし今は、「嫌われる」「失敗する」「馬鹿にされる」といったストレスに耐えられない人が増えたように思う。だからこそ破局を迎えたときには、積もり積もったストレスを、取り返しのつかない行為で埋め合わせようとする。

なぜストレスに耐えられないのか、大多数の人がそうするように「気持ちが離れたのだから、仕方ない」と諦《あきら》められないのか。本人に思考の偏《かたよ》りといった部分があるにしても、生育過程における親子関係の影響も大きいと私は思っている。親から受けるべき愛情を受けず、信頼関係の結び方を知らないまま大人になれば、他人に牙《きば》を向けることはたやすい。

先述した彼にしても、家庭環境はそれほど悪くないように見えたが、両親によくよく話を聞いてみると、彼が思春期の頃、親子間で心の距離が生じたと感じることがあったそうだ。しかし、どうしたら良いか分からず、そこには触れずにきてしまった。親離れ子離れと言えばその通りなのだが、あの時、もう少し子供の心に寄り添っていれば……と、両親は深く反省していた。

私は、他にもいくつかのストーカーにまつわる案件に携わってきたが、いずれも根底には親子の問題があった。家庭内ストーカーとして、「暴君」と成り果てている子供たちも、その生育過程においては、親からの攻撃や抑圧、束縛などを受けてきている。過干渉と言えるほどの育て方をされる一方で、そこに心の触れ合いはなく、強い孤独を感じながら生きてきたのだ。卓也もまさに、その一人である。

卓也の父親が国家公務員であることから、母親は卓也に、父親と同じレベルの職業に就くことを望んだ。それは、のちに私が卓也に会った際、本人が切々と訴えてきたことである。幼い頃、休みなく勉強を強要されたこと。成績が悪いと、口をきいてもらえなかったこと。口答えをすると、真夜中でも寒空の下に放り出されたこと。目に見える虐待《ぎゃくたい》だけでなく、心理的な虐待もまた、連日のように行われていた。一方で目標とすべき父親は、子供や家庭にまるで関心がなく、非情な人物に映った。幼い卓也の心は混乱し、少しずつ千切れていったのである。

これは何も勉強に限ったことではない。たとえば両親が不仲で、子供が諍《いさか》いに巻き込まれたり、毎日のように陰口を吹き込まれている場合も同じである。常に緊張を強いられ、安心感を得ないまま大人になったような子供が、受験や就職の失敗により人生を見失ったとき、その怒りは親に向かう。

この点については、母親にも幾度か尋ねてみたのだが、言い分は卓也と食い違い、最後まで正直なことを話してはもらえなかった。しかしあるとき、母親はぽろっと本音をこぼした。

「見栄《みえ》と世間体は、そりゃあ何よりも大事です」

一生、親に養ってもらう

私は卓也に関しても、まずは精神科病院での治療が必要であると考えた。他人への激しい攻撃性や、こだわりの強さ、防犯に対する強迫観念など、医療の力を借りることで緩和できる部分もあるはずだ。

実際のところ、卓也は過去に自分から「うつ病かもしれない」と、心療内科に通ってもいる。両親もまた、卓也の心の病気を疑っていた。そこで、両親に地元の精神科病院に相談に行くよう促したところ、「本人の同意が得られるなら、入院の受け入れも可能」という回答があった。私はすぐに移送の準備を整え、説得に当たった。

卓也と対峙《たいじ》してみると、両親から聞いていたよりも健康状態は悪いようだった。不規則な生活と不摂生のためか、身体は想像より一回り大きい。明らかに肥満体型であり、この体格の男性ににじり寄られたら、親でも恐ろしく思うだろう。入浴もあまりしていないのか、身体を動かすたびに異臭が漂う。卓也は異様にぎらついた目で私の姿を捉《とら》え、甲高い声で叫んだ。

「何なんですか、あなた誰なんですか、警察を呼びますよ！」

私が何を言っても、親が説明をしようとしても、聞く耳は持たなかった。建設的な話をすることは難しいような状況だったが、私は五時間あまりの時間をかけて彼を説き伏せ、病院に連れて行った。

入院後は、規則正しい生活と服薬により、異常なまでの攻撃性や強迫観念は薄れていった。しかし家族への執着には激しいものがあり、家に何度も電話をかけては、差し入れや面会の要求をした。親が根負けして要求に応じ、差し入れを持って面会に訪れると、「退院させろ」の一点張りである。おそらく主治医や病院の職員にも、同じような態度をとっていたのだろう。三ヶ月もしないうちに、主治医から退院を促された。そして再び、両親から私に相談があったのである。

私の結論は、「親子の間に距離をとるしかない」というものであった。母親は、卓也の言動に怯《おび》え、自宅の電話が鳴っただけで冷や汗をかくような状態だ。父親の息子への対応も、今さら劇的に変わるとは思えない。二人とももはや、完全に息子の支配下にあるのである。退院後の卓也を自宅に戻したら、同じことの繰り返しだろう。

両親にそう告げると、「あの子にはもう一生、会えないんですね」と、母親が泣き出した。私は呆《あき》れてしまった。それを母親の愛情だと受け止める人もいるかもしれないが、私には、世間体を守るためのポーズにしか見えなかったのだ。そして、この本心と体裁の落差こそが、子供の心をひねくれさせる大きな要因だとも思う。

私は卓也の面会に赴き、両親はもう卓也の面倒をみられないこと、医療機関など社会の手を借りながら自立してほしいと思っていることを伝えた。そして、県外の医療機関への転院を提案した。その医療機関は、卓也のような人物を、根気よく治療してくれるところだった。

卓也は、家族からの絶縁宣言にひどく落ち込んだ様子を見せ、反省の言葉を口にし、転院にも素直に応じた。しかし転院後はまた、問題行動の連続である。なにせ卓也は、相手を攻撃する、束縛する、支配する……そういったやり方のコミュニケーションしか知らないのだ。

たとえば、看護師の忙しい時間帯にわざわざ話しかけ、「その話はあとで聞きますね」と言われても、その場を離れない。自分の言い分が通るまで、無言で相手をにらみつける。職員の言葉尻を捉え、別の職員に「○○さんがこんなことを言ったが、いかがなものか」と訴える。生活上の注意をしただけで、「私を嫌いなことはよく分かりました。しかし嫌われる私の身にもなってください」などと言い返す……といった具合だ。さすがの職員たちも、卓也の言動には辟易《へきえき》していると聞く。

しかしそれもすべて、卓也が両親から受け継いだものなのだと、私は思う。人が嫌がることを執拗にやる、無言の圧力をかける、言葉尻を捉える、嫌みを言う……、親が「教育」や「躾《しつけ》」という名のもとにしてきたことを、なぞっているに過ぎない。

もちろん、本人がもともと持っている性質、性格による部分もあるだろう。人間は誰しも、他人からは理解されにくい癖やこだわりの一つや二つ、持っているものだ。しかしそれを増長させ、肥大化させてしまった背景には、親からの影響があることは否めない。

卓也は現在、転院先の医療機関からも退院を促されている状態だ。しかし今後についての結論はまだ出ていない。家族が受け入れられない以上、社会とつながって生きていくしかないわけだが、心の専門家である医療機関の職員ですら卓也の言動に振りまわされている現状では、就職や自立への道は、厳しいと言わざるを得ない。

だが肝心の本人には、その覚悟すらないように見受けられる。退院したい一心で「働く」と言うこともあるが、就職の具体的な話になると、「肉体労働はしたくない」「事務仕事で高給がもらえる会社はないのか」などと注文をつける。高学歴のプライドもあるのだろうが、私には、卓也が今でも「親の期待に応《こた》えなければ」と、追いつめられているようにも見える。

今後は、卓也がどこまで現実を受け入れられるかにかかっている。社会のサポートを受けながら生きていくためには、卓也自身がこだわりを捨て、人間性に丸みをもたせるしかないのだ。しかし当の卓也は、「自分の面倒を一生みるよう、親に対して裁判を起こしてやる！」と息巻いている。親の抑圧や束縛は、やがて呪縛《じゅばく》となり、そう簡単には解けないことを思い知らされる。

ケース7　家族の恐怖は永遠に消えない

清さんとの面会

暖かな風が吹くある春の日、私はスタッフとともに九州地方に飛んだ。空港に降り立ち、タクシーで精神科病院に向かう。入院中の吉原清さん（仮名）に会うためだ。病棟の面会室にいた清さんは、私たちの姿を見つけるなり、待ちきれない様子で駆け寄ってきた。閉鎖病棟にいる清さんは、許可がなければ外出できないため、二ヶ月に一度の面会・外出をとても楽しみにしている。見送りにきた看護師が、「楽しんでらっしゃい」と手を振った。

清さんをタクシーに乗せ、街の中心にあるレストランに向かう。上下スウェットという清さんの格好は、賑《にぎ》やかな街では少し浮いて見えた。清さんの家族は、入院にかかる費用と毎月決まった額の小遣いは負担しているが、それ以外で面会や差し入れなどはしていない。家族は清さんと一切の関係を絶っているのだ。

レストランで席に案内されるなり、清さんは即座に煙草に火をつけ、メニューを広げた。せわしなく煙を吐き出しながら、「ステーキが食べたい」「唐揚げもいいな」「ポテトなんかも頼んでいい?」と、注文を重ねる。外出の直前に病院で昼食を食べてきたはずだが、食欲は底無しらしい。

「デザートは甘い物だな。パフェにするかケーキにするか……。ねえ、両方食べてもいいかなあ」

私は苦笑しながらうなずいた。五十歳を過ぎた男性に甘えられても困るのだが、清さんにとっては、たまの贅沢《ぜいたく》である。よほど外食の味に飢えているのか、注文が済んでからも、メニューをじっと見つめている。

そうしながらも清さんは、ひたすら煙草を吸い続けた。その手は常に細かく震え、唇はひきつっている。それを指摘すると、清さんはムキになって「そんなことないよ!」と否定するのだが、おそらく薬物乱用の後遺症だろうと考えられた。私は清さんの震える手や唇のひきつりを見るにつけ、薬物の恐ろしさをつくづく感じるのだった。

やがてテーブルの上いっぱいに料理が並び、清さんはそれを瞬《また》く間に平らげた。見た目がスリムなため、食欲の異様さが際立《きわだ》って見える。さすがに腹がふくれたのか、デザートのケーキをつつきながら、清さんが話しはじめた。

「それで、退院後のことなんだけどさ、○○市で一人暮らしっていうのはどうかな」

私はまたも苦笑いを浮かべた。

「この間、施設に入所するって約束したじゃないか」

「約束はしてないでしょ。考えるとは言ったけど。もう他人と暮らすのは嫌なんだよ」

「そんなこと言っていると、また同じ過《あやま》ちを繰り返すことになるよ」

「またまた〜、厳しいね。そりゃあ、家族にはいろいろやっちゃったけどさ、他人にはやってないから大丈夫でしょ？」

「だいたい、○○市で一人暮らしなんて、金がかかる話だぞ。費用はどうするんだ」

「それはさ、家族に少し援助してもらって」

「馬鹿《ばか》なこと言わないでよ、清さん。家族が納得するわけないでしょう」

私と清さんの間で、押し問答が続いた。清さんに退院の話が出ているのは事実だが、家族はグループホームなど自立支援施設に入所することを望んでいる。何しろ清さんはこの三十年ほど、入退院を繰り返しているのだ。今回の入院期間は比較的長く、清さんの状態もだいぶ落ち着いてきている。だからこそ、退院後すぐに一人暮らしをするのではなく、まずは施設で生活し、支援を受けながら社会復帰をしてほしいというのが、家族の希望だった。

私もまったく同意見だった。長期間の入院のあと、いきなり一人暮らしをして上手《うま》くいったという例は聞いたことがない。清さんのような薬物依存であればなおさらだ。しかし清さんは周囲の助言に耳を傾けようとせず、「一人暮らしをする」と言って譲らない。その執着こそが危険なサインと言える。

この日も清さんは、なんだかんだと文句をつけて施設入所を渋っていた。が、私も一歩も引かずに、一人暮らしの現実的な問題点を並べて説得したため、清さんも最後には折れて、「前向きに考えてみる」と約束した。

贅沢と豪遊の果てに……

清さんは二十代の頃から精神科医療にかかっている。受診のきっかけは、突然大声を上げて親に暴力を振るったことにあったが、その片鱗《へんりん》は幼少期から見え隠れしていた。清さんの家族が言うには、子供の頃から落ち着きがなく物覚えも悪かったために、知的な面での障害があるのではないかと疑っていたそうである。一方で、気が小さく心の優しい面もあった。中学や高校でも勉強はほとんどできず、不良集団の使いっ走りのようなことを好んでやっていた。親は大学進学を望んだが果たせず、手に職をつけるために調理の専門学校に入学したが、遊んでばかりで出席日数が足りず、中途退学している。

清さんの父親は会社を経営していたが、高度経済成長という背景もあり、順調に業績を上げていた。都内の一等地に住居を構え、羽振りも良かったようである。父親は子供たちに厳しかったが、母親は清さんにはことさら甘く、欲しがるものは何でも与えた。会社経営の手伝いで忙しかった母親にとって、それが子供への愛情表現だったのかもしれない。

清さんは似たような環境の友人たちとつるみ、十代のうちから大金を持って豪遊することを覚えた。やがて高級車を乗り回し、ブランド品を身につけるようにもなった。特にサーフィンやヨットなどマリンスポーツを好み、海外旅行にも何度も行っている。いずれも資金は、母親から出してもらった。そして家族はまったく気付かなかったのだが、この頃から大麻を吸いはじめている。

専門学校を中退後は、父親のコネで会社勤めをはじめたものの、朝起きることや職場への送迎など母親の手を借りながらだった。それでも仕事の内容を選り好みし、何かとケチをつけては勝手に辞めてきてしまった。父親は何とかして清さんを自立させようと、あらゆるコネを使って仕事を探し、高級マンションを買い与えて一人暮らしまでさせた。

しかし清さんは、仕事のストレスから逃れるために、大麻や、エフェドリン成分の入った咳《せき》止め薬を乱用するようになる。この咳止め薬はやがて問題視され、成分が変更されることになるのだが、当時は違法薬物の代わりに乱用する人もいたのだ。

大麻や咳止め薬に依存するようになり、清さんは気分の浮き沈みが激しくなった。実家に金の無心に来ては、両親と諍《いさか》いを起こし、ときには母親を殴ったり突き飛ばしたりした。やがて困った家族が、医療機関を受診させたのである。診断名は躁《そう》うつ病であった。

その後、清さんにとって決定的な出来事が起こる。父親の会社が倒産してしまったのだ。いずれは父親の会社を継ぎ、社長として悠々自適の生活が送れると目論《もくろ》んでいた清さんは、大きなショックを受けた。将来の見通しが立たなくなったことに加え、母親からの小遣いの額も、格段に減ってしまったのである。

勉強ができず、仕事も転々としていた清さんにとっては、高級車を乗り回しブランド品を身につけ、自由に海外旅行に行くことが、自分を飾れる唯一の方法であった。裕福な環境にある友人たちへの見栄《みえ》もあり、それらを手放すことは耐えられなかった。

清さんは追いつめられ、躁とうつを繰り返すようになる。躁状態のときは、母親に対して一晩中わめき散らして眠らせなかったり、暴言を吐いたりした。誰も清さんを止めることができず、母親は暴力から逃れるために、借金をしてまで金を渡した。清さん自身も、家族に内緒で消費者金融や友人からも借金を重ねた。

金銭的なことを言えば、両親の羽振りが良かったころに与えられていた小遣い、マンションや高級車、ブランド品、海外旅行、親のカードを勝手に使っての買い物、カードローンなど、これまでに清さんが使った金額は、総額にすると数億円に達していた。トラブルは家庭内だけでは収まらず、躁状態のまま車を運転して事故を起こすこと数回、友人との間で警察沙汰に発展するほどの諍いを起こしてもいる。そのたびに家族は被害弁償を肩代わりし、医療機関につないだ。しかし、病状によって入院期間が延びることはあっても、退院後は同じことの繰り返しだった。

こうして清さんが四十代後半にさしかかった頃、父親が病に倒れ、母親も体調を崩してしまった。景気は悪くなる一方で、清さんが働ける職場も容易には見つからなくなっていた。金銭面をはじめ生活の大半を両親に頼っていた清さんは、いよいよ、拠《よ》り所《どころ》をなくしてしまったのである。清さんの暴走は歯止めが利《き》かなくなり、その矛先は、清さんの弟と妹に向かった。

弟も妹も、幼少期から清さんとは仲が悪かった。二人とも、親の金で遊びほうける兄を忌《い》み嫌い、反面教師にしてきたという。まじめに勉学に励み資格などを取り、今ではそれぞれ家庭も持っている。それこそ、清さんが欲しかった安定した生活を、弟と妹は手にしているのである。嫉妬《しっと》も相まって、清さんは弟と妹に攻撃をはじめた。昼夜を問わず自宅にやってきて大声でわめき散らす。「親の財産を盗み取っただろう」などと難癖をつけ、金銭を要求する。毎日のようにやってきては何時間でも居座るため、弟や妹だけでなく、その配偶者、子供たちまで、まともな暮らしができなくなった。特に幼い子供たちは清さんの来訪を恐れ、「怖くて眠れない」と言うなど、心のバランスを崩しはじめていた。こうして限界を感じた弟と妹が、私のところへ相談に来たのだ。

家族から離れて

「もう家族ではどうにもできません……」

清さんの弟は、疲れ切った顔でそう言った。このとき清さんは十度目の入院中であったが、主治医からは「これ以上、快復の見込みはない」と退院を促されていた。弟の自宅には「退院させろ」とわめく清さんからの電話が、日に何十回とかかってきていた。

両親はもはや、清さんのために動くことができる状態にはない。実家を売却して、そのお金で介護付き老人ホームに入所したいと話しているという。それも清さんに知られてしまっては、無理やり阻止されるか、「自分にも金を寄こせ」とトラブルになることは、目に見えていた。

弟や妹は、清さんがこのようになってしまった原因は、ひとえに家庭環境にあると考えていた。幼い頃、両親は仕事の忙しさにかまけて、子供たちのことは放任していた。自宅への人の出入りも激しく、社長一家ということでずいぶんちやほやされた記憶がある。清さんは長男ということもあり、特にその恩恵にあずかっていた。弟や妹から見ても、母親が小遣いとして清さんに渡していた金額は、常識はずれであった。苦労や忍耐を知らないまま清さんは大人になり、そこに薬物という厄介なものが乗っかってしまった。

清さんの入院中に弟がマンションを片付けたところ、大量の咳止め液の空き瓶と、大麻用らしきガラスのパイプが転がっていたそうである。弟や妹は薬物について、清さんの口からはほとんど何も聞いていない。しかし私は、清さんの状態や、遊び歩いていた界隈《かいわい》の情報などから、おそらく覚せい剤やコカインにも手を出していたのではないかと見当をつけた。

これまでは清さんの暴力や暴言に振り回され、行き当たりばったりに入退院を繰り返していたが、今後は薬物依存症の専門治療を受けるべきであると、私は家族に提言した。依存という意味では、今や家族の存在も、清さんにとって依存の対象になっている。物理的にも離れた場所にある医療機関で、じっくり治療に取り組むしかない。家族にも異論はなく、こうして清さんは、都会を離れ、地方にある薬物・アルコール依存症の専門病院に転院したのである。

転院を機に、家族は清さんと直接やりとりをすることを拒んだ。病に倒れた両親も、「会いたくない」と言っているそうである。冷たい仕打ちのようであるが、私には家族の気持ちが痛いほど分かった。移送や面会を通じて清さんと顔を合わせるようになり、人となりが分かってきたからである。服薬をしていても、興奮したときの清さんは誰にも止められない。気に入らないことがあると、たちまち目は充血し、口から泡を飛ばしてわめき立てる。突然、飛びかかってくることもある。腕力に自信でもあればともかく、普通の人はこの豹変《ひょうへん》ぶりを脅威に感じることだろう。私は清さんを「怖い」とは思わなかったが、家族がそう思うことを否定する気にはなれない。

主治医や病院の職員に対しても、強引に退院を迫ったり、わがままを言ったりと、ずいぶん手を煩《わずら》わせていた。とにかく本人は、エネルギーが有り余っているのである。

そして、清さんの話す話題と言えば「家族」と「金」に関することばかりだった。この二つに対する執着は、おそらく生涯なくならないだろうと思われた。

実は転院したばかりの頃は、清さんを不憫《ふびん》に思った両親の意向で、小遣いが多めに振り込まれていた。そのため清さんの金銭感覚は、なかなか変わらなかった。たとえば面会時に一緒に外出したときのことである。「病院で着るスウェットが欲しい」と言う清さんを、ショッピングモールに連れて行った。清さんはスポーツ用品の専門店に向かい、スウェットの上下やジャージを次々とかごに投げ入れた。私はふと金額が気になり、レジに向かう清さんのあとを追った。

店員の告げた合計金額は、五万近いものだった。

「清さん、これはちょっと、買いすぎですよ」

私は清さんに言った。ケチをつけられて腹が立ったのか、一瞬にして清さんの顔は真っ赤になり、目がつりあがった。

「うるさいなあ！　何だよ、あんた、何の権限があって俺に指図するんだ！　これは俺の金だよ、何に幾ら使おうと自由だろ？　金ならあるんだ！　お前に言われる筋合いはないっ‼」

清さんが突然、腕を振り上げながら大声でまくし立てたため、周囲にいた買い物客が一斉に散らばっていった。店員も固まっている。私はあえて清さんに近づき、その肩を抱いた。嫌がる清さんをなだめ、店の外に連れ出す。清さんを落ち着かせるために、一時間はかかっただろうか。その間にスタッフが、スウェットを一組だけ購入した。

この一件があって以来、家族に小遣いの額について検討してもらい、必要最低限の金額となった。清さんは毎月、即座に煙草やお菓子などに使ってしまうため、「足りない」「飲まず食わずで過ごしている」と私たちに文句を言う。さらに病棟では、他の患者や看護師に、「うちの家族は小遣いもくれない」「俺を飢え死にさせる気だ！」などと大げさに訴えているのである。

清さんの自立

清さんの入院生活は、長期間にわたった。なにしろ治療にまじめに取り組むことなく、毎日のように「退院したい」とばかり言い続けたのである。「自分は病気ではない」「薬物なんてやっていない」「全部、弟や妹が財産目当てで仕組んだことだ」と言い張り、服薬を拒否することもあった。この間に退院請求（精神科医療における制度の一つで、入院中の患者やその家族等が入院を不服としたとき、患者の退院を精神科病院の管理者に命じるよう、都道府県知事に対して請求する制度）を出したこともあったが、審査の結果、入院継続となっている。

入院当初を除き、家族は一度も清さんと接していない。電話番号を変え、自宅の引っ越しまでした。そして、私やスタッフが家族に代わり、清さんと定期的に面会や外出を行ってきた。家族が二度と清さんに会いたくないと言っていることも、率直に伝えている。しかし清さんは、家族との接触を諦《あきら》めていない。親族や古い知人を通じて連絡をとろうとしたり、弟や妹の職場に電話をかけたりしているのである。

こうして数年が経過し、清さんにもいよいよ、退院の話が出るようになった。この一年あまりは、依存症患者のミーティングなどにも積極的に参加し、服薬も欠かさないため、突然興奮するようなこともなくなった。

それでも家族にしてみれば、清さんの退院後に対する不安と恐怖は計り知れない。両親は今、老人ホームで穏やかに暮らしている。もちろん、弟や妹、そしてその家族も、清さんの入院により平穏な生活を手に入れることができたのだ。もし清さんに居所が知られてしまったら……。「今度こそ、私たちは破滅させられるでしょう」。弟妹は、そう訴える。

弟や妹はもちろん、その家族も、未《いま》だに清さんの影に怯《おび》えているのだ。深夜、家の前に車が止まる音が聞こえただけで、「清が来たのか」と不安になる。退院の話が出たと聞いただけで、眠れなくなる。通り魔や親殺しの事件をニュースで見るたび、我がことのように感じて、ふさぎ込んでしまう。かつて清さんに生活を破壊されかけた経験があるからこそ、恐怖は無限大となり押し寄せる。「生涯、入院していてほしい」「いっそのこと、死んでほしい」。それが、家族の偽らざる思いなのだ。

私は何度も清さんにその事実を伝えているのだが、本人の心には届かない。退院後の生活について、「家族に少し援助してもらって」などと簡単に言えてしまうように、家族が自分の面倒をみるのが当たり前だと思っている。「家族なんだからさ」というのが、清さんの決まり文句だ。そしてその根底にあるのは、「実家には金がある」という確信だ。

反省している、もう過ちは繰り返さない、家族には迷惑をかけない……。清さんの言葉を信じたいと思う反面、油断はできないと私は思っている。

依存症は、「否認の病」と呼ばれることがある。否認は、心理学では「防衛機制」とも言われ、第一に「自分は大丈夫」と、依存による有害性を過小評価・歪曲《わいきょく》して、自らの問題性を否認すること、第二に「やめさえすれば大丈夫」と、依存対象以外の問題（周囲との人間関係、経済問題やその人の内面などの問題）を否認すること、がある。

これは、清さんにも十分に当てはまる。そもそも清さんが覚せい剤やコカイン乱用の事実を打ち明けたのは、つい最近のことなのだ。それまでは何度尋ねても「覚せい剤なんかやってないよ」と言い続けていたのだから、私は数年に亘《わた》り、清さんに嘘をつかれていたことになる。

私がその旨《むね》を詰問《きつもん》すると、清さんは「少ししかやっていないから大丈夫」「もうやめたから大丈夫」と言って話をそらし、未だに全容を話そうとしない。そういったこともあって、私は清さんを全面的に信じることができずにいる。

だが私にとって清さんは、悪い人ではない。ユーモラスな一面もあり、苦労を知らずに育った人特有の鷹揚《おうよう》さもある。一方で、気が小さくて見栄っ張りで、かつて体験した優雅な生活を忘れられずにいる、子供のまま大人になってしまった、不幸な人でもある。

しかし家族にとっては、どれだけ時間が経過しようが、清さんはモンスターだ。刻まれた苦しみが深かったからこそ、それは永遠に消えないのだ。

追記　実は本書の執筆をほぼ終え、出版の準備をしている最中に、入院中の清さんが突然、亡《な》くなってしまった。前日までとくに変わった様子もなかったため、私たちはもちろん、主治医や病院職員たちも驚きを隠せなかった。身体的な既往歴のない突然死であり、事件性はないと判断されたものの、正確な死因は最後まで分からずじまいだった。

ただし、違法薬物（とくに覚せい剤）の乱用者に関しては、私が見てきた限り、早くに亡くなってしまう例は多い。清さんと同じように、薬物を断っていても、五十歳を超えた辺りで突然死してしまうのである。使用量や使用年数にもよるだろうが、薬物銃器対策課の警察官からも、似たような話を聞いたことがある。覚せい剤が身体に与える影響は大きいことを痛感する。

スタッフから報告を受け、私はすぐに現地へ向かった。入院後は清さんとの接触を一切絶っていた家族も、「最後ですから」と駆けつけてきた。家族は、清さんの突然の死を信じられない一方、安堵《あんど》している様子も見受けられた。「遺品はすべてそちらで処分してほしい」と言うので、私は清さんの持ち物から、スティングのＣＤを形見としてもらった。

見送りは私たちと家族だけの、なんとも寂しい葬儀だった。火葬場で母親は言った。「この先も家族に迷惑をかけるくらいなら、早く死んでくれて良かった……」。それは偽らざる本音であっただろうが、死してなお鞭《むち》打たれる清さんの生涯を思い、私はただ、清さんの冥福《めいふく》を祈った。今でもスティングの「They Dance Alone」を聴いては、清さんを偲《しの》んでいる。

第二章「子供を殺してください」という親たち

変化する家族からの相談

私が「精神障害者移送サービス」をはじめてから、早くも十八年が過ぎようとしています。この間、家族からの相談の内容は少しずつ変化してきました。私にとっては毎回が難問への挑戦ですが、家族が抱える問題の変化は、すなわち家族の有り様《よう》の変化でもあり、ひいては社会の有り様が変わってきたことにもつながります。私は家族の問題を通じて、時代における人間の本質を見ているような気がしています。家族の問題に向き合うことが、新しい時代を生きるヒントになるのではないか。そういった気持ちで、これらの問題を考えてみたいと思います。

第一章のドキュメントで紹介したのは、ここ十年ほどの間で増加し、最近では主流となっている事例です。ここでは、その要点を大まかにまとめてみます。

一つは、家庭内暴力がもはや、家族を殺害しかねない領域に入っているケースです。ゴルフクラブで殴られた、包丁を突きつけられた、就寝中に頭にダンベルを落とされた……。急所をはずれて運良く命拾いしたものの、家族は「次こそ確実に殺される」「いつか第三者を傷つけるのではないか」と怯《おび》えています。

また、浪費の度合いも生半可なものではありません。一千万円単位の財産を使い果たしてしまったり、家族の知らないところで何百万という借金を作ってしまったりした例もあります。年老いた両親の年金まで奪っていき、生活が成り立たないという切実な訴えも聞きます。

これらのケースでは、年齢が若いうちは学校にも通い、就労ができていることも多いため、家族は多少の異変を感じながらも、これといった対応をせず、本人の言いなりになっています。しかし年月が経《た》つうちに、本人が職場でトラブルを起こしたり、リストラに遭ったりして、社会での居場所を失ってしまいます。と同時に、幻覚や妄想、意味不明な言動といった精神症状を呈したり、執拗《しつよう》な手洗い、長時間の入浴、戸締まりの確認に代表されるような強迫観念が見られたりするようになります。薬物やアルコールへの依存など物質使用障害が、要因の一つとなっている場合もあります。

家族は本人の抵抗を恐れ、精神科医療につなげることができていません。入通院歴がある患者もいますが、家族からすれば、入院前と様子が変わらないまま短期間で退院となり、元通りになってしまうことがほとんどです。本人は、精神科への入通院も含め、人生が思い通りにいかない焦燥を怒りとして家族にぶつけ、暴力や金銭の無心もさらにエスカレートしていきます。

二つ目は、暴力ではなく暴言や束縛により、家族を追いつめているケースです。家族のちょっとした発言を聞きとがめて執拗に責め立てる。深夜早朝もしくは職場にまでつきまとう。自分の要求が通らないと大声を出す。近隣住民や第三者への迷惑行為をするなどです。

このケースでも、本人がすでに医療にかかっていることが多く、障害者総合支援法による制度も利用し、デイケアなどさまざまな専門機関につながってもいます。家族はその様子から「順調にいけば就職して自立できるのではないか」という希望を抱きますが、本人は病気を理由に自立への努力をしようとはしません。日々の大半を無為に過ごしているか、自分の趣味にだけは行動力を発揮したり、金銭を脅し取ってギャンブルに出かけたりするため、家族との間には諍《いさか》いが絶えません。こういったことを繰り返しているうちに、親のほうが我が子に殺意を抱くほど追いつめられていきます。

三つ目は、精神疾患を理由に相談に来た患者が、家族の知らないところで窃盗《せっとう》（万引き）や性犯罪、違法薬物の乱用など違法行為を繰り返していた、というケースです。

こちらも、本人による積極的な通院・服薬はありませんが、精神科病院を受診しており、統合失調症やうつ病といった診断名もついています。家族も、本人の理解しがたい行動を「精神疾患だから」と受け止めています。こうして多少なりとも医療機関にかかっているにもかかわらず、快復どころか、むしろ問題行動のレベルが上がっていきます。そこで困った家族が、病院への移送や施設入所を求めて私のもとにやってくるのです。

調査や説得移送を通じて本人に関わるようになると、「精神疾患というには、何かおかしいな」と感じるところが見当たります。たとえば、自分の好きなことに対しては積極的に行動できる、一人で買い物に行った先で三十分も大人しく順番待ちができるなどです。そこで本人の過去を時系列に沿ってトレースしてみると、矛盾やおかしいと思うような点が見つかります。これらの調査をもとに、本人に対して本質を突くような問いかけを繰り返すうちに、過去（あるいは現在進行形）の違法行為が発覚するのです。

特に違法薬物の場合、乱用により幻覚や妄想をみることもあり、統合失調症の症状にも似ています。本人の自己申告がなければ誤診されることもあるでしょう。また、向精神薬や睡眠薬に依存している場合もあります。そのうえで、日常的にアルコールを摂取している場合も多く、薬物との同時摂取による症状が出ているようなケースもあります。

近年では、十代の子供を持つ親からも、こういった相談が多く寄せられるようになりました。家のお金を盗む、飲酒や喫煙、深夜徘徊《はいかい》、家出など非行を繰り返している。危険ドラッグ（脱法ハーブ）や大麻、シンナーなど違法薬物に手を出している、といった相談です。叱《しか》られると嘘《うそ》をつき、暴れたり物を壊したりするため、親も手をこまぬいています。本人が親の目の届かないところで、幼い弟妹に対して虐待《ぎゃくたい》に近い行為をしているなど、対応を急がなければならない例もありました。

私のもとへは、このような「待ったなし」の状態にある家族からの相談が、年々増えています。いずれも、もはや「事件」と呼べるほどの出来事が、家庭内で起こっているのです。家族は日常生活や仕事に支障をきたしており、中には心身の調子を崩しているのに、本人に外出を阻止されて医療機関にかかれていないこともあります。親だけでなく、他の子供（本人の兄弟姉妹）も影響を受け、心に傷を負い、「進学や結婚の夢を諦《あきら》めざるを得なかった」という方もいます。

ほとんどの家族が、医療機関や保健所、警察署などに相談に行きながら、問題解決には至っていません。その理由の一つに、本人の状態が「病気（精神疾患）として治療すべき」なのか「犯罪として立件（更生）させるべき」なのか、医療と司法のボーダーライン上にあることが挙げられます。

本人に幻覚や妄想などの精神症状があり、精神疾患の診断を受けていながら、社会に出たときには、窃盗、傷害、性犯罪といった事件や、病状悪化に付随した交通事故などを起こしてしまうケースも、その一つと言えるでしょう。家族は入院治療につなげようとしますが、受け入れを断られてしまいます。何とか入院はできても、退院すれば同じことの繰り返しです。

あるいは、幻覚や妄想といった症状の有無を確認できず、一人で、もしくは家族に同行を強要して買い物やイベントに出かけるなど行動力がある場合です。本人の言動を客観的に見たときには、食事や入浴にも無頓着《むとんちゃく》で昼夜逆転の生活を送るなど、不健全であることは間違いありません。自分独自のものごとの捉《とら》え方やこだわりの強さなど思考の偏《かたよ》りがみられ、問題行動を指摘すれば、常に誰かのせいにしたり常軌を逸した態度をとったりします。一見すると何も問題が無いように見えて、長く話していくと言動がおかしいことに気付くような場合もあります。しかし、一定の社会性があるがゆえに、入院治療すら受け入れてもらえません。

一方、暴力など「犯罪」として成立するような出来事があっても、家族であるがゆえに被害届を出すのを躊躇《ちゅうちょ》してしまいます。本人もそれを分かっていて、大怪我《おおけが》にならない程度の暴力を繰り返していることもあります。身の危険を感じて110番通報しても、警察が来ると本人が大人しくなるなどし、踏み込んだ対応がとれていません。結果として、家族の本人に対する対応は曖昧《あいまい》になり、本人の言いなりになる生活が続きます。「病気（精神疾患）」にしても「犯罪」にしても、最も重要な問題は放置され、肥大していきます。そして最悪の状態になったときには、行政の専門機関にはとうてい介入してもらえず、私のような民間企業の人間に相談に来るのです。

パーソナリティ障害とは何か

問題行動を繰り返すような患者の診断名で、もっともよく目にするのが「パーソナリティ障害」です。パーソナリティ障害とは、人が生まれもっている気質（遺伝的、器質的な要素）と、性格や環境（心理社会的要素）とにより形成され、その人格傾向により、本人あるいは周囲が社会生活上の著しい困難をきたしてしまう病態です。

症状によってさらに細分化されており、よく耳にするのは、境界性パーソナリティ障害、自己愛性パーソナリティ障害、反社会性パーソナリティ障害などでしょうか。アメリカでは、人口の十五％がパーソナリティ障害である、という研究結果もあります。

中でも反社会性パーソナリティ障害は、かつてはサイコパス（精神病質）と呼ばれ、社会を震撼《しんかん》させるような事件を起こすタイプです。女性よりも男性に多くみられ、人口の一～二％に存在するとも言われています。日本には、約三百万人ほどの患者がいるのではないか、と話す精神科医もいます。最近では、佐世保市の女子高生殺害事件や、名古屋市の老女殺害事件の加害者について、サイコパスの可能性を指摘する専門家もいました。

私が携わってきた例で言えば、うつ病、強迫症、情緒障害、不安神経症、社会不安障害、妄想性障害（パラノイア）、（遅発性）統合失調症といった病名がついていても、薬物療法の効果があまりみられず、問題行動を繰り返しているような患者は、根底にパーソナリティ障害があるのではないかと疑われるケースが多々ありました。

実際のところパーソナリティ障害は、うつ病や、薬物・アルコール使用障害、摂食障害など、他の精神疾患を併発することが多いと言われています。

そして、この病名がつく患者に対する見解は、専門の医師や研究者によってさまざまに異なります。ＩＣＤ10（国際疾病《しっぺい》分類第10版）では、Ｆ60（特定の人格障害）に分類されていますが、「本人の性格によるものであり、精神疾患ではない」と捉えている医師もいます。特に現行の精神科医療は薬物療法が中心とされているため、「薬が効かない」＝「治らない」と考えている医師もいます。反社会性パーソナリティ障害などの診断がつき、犯行時に違法行為だと分かっていて自らの意志で犯行に及んだ場合は、「刑事責任能力あり」として司法で裁かれることから、ある精神科医などは自身の著書で「治療のしようもなく、お手上げ」と断言しているくらいです。

一方で、薬物やアルコール依存など物質使用障害を抱える患者においては、根底にパーソナリティ障害があると言われることから、これらの治療を専門に行っている医療機関では、パーソナリティ障害を精神疾患と認め、精神療法や認知行動療法、弁証法的行動療法などを中心とした治療を行う医師もいます。

クリニックなどでは、パーソナリティ障害の患者に対して、積極的な治療を行っている医師もいますが、外来治療が基本で、なおかつ本人に「治したい」という意思がある場合に限られるようです。時間もかかり、保険適用外の治療になることもあるため、継続して治療を受けることは非常に難しいと言えます。

この現実に対し、国の見解も分かれています。たとえば障害年金の受給申請を審査する日本年金機構では、障害認定基準において「人格障害（著者注：パーソナリティ障害の旧称）は、原則として認定の対象とならない」と明記しています。また、厚生労働省管轄《かんかつ》の自立支援医療（心身の障害を除去・軽減するための医療について、医療費の自己負担額を軽減する公費負担医療制度）では、対象となる精神疾患の中に、パーソナリティ障害は入っていません。ただし厚労省では、パーソナリティ障害＝精神疾患という形で認定はしていないものの、障害の状態によっては、精神障害者保健福祉手帳の発行が認められている患者もいます。

これに対して、「心神喪失等の状態で重大な他害行為を行った者の医療及び観察等に関する法律（医療観察法）」による入院対象者の状況を見てみると、六名ではありますが、「成人のパーソナリティおよび行動の障害」の疾病名で治療が行われている人もいます（厚労省発表、二〇一四年十二月三十一日現在）。ちなみに医療観察法とは、心神喪失又は心神耗弱《こうじゃく》（精神障害のために善悪の区別がつかないなど、刑事責任を問えない状態）で、殺人、放火等の重大な他害行為を行った人に対し、適切な医療を提供し、社会復帰を促進することを目的として創設された処遇制度です。

ようするに、パーソナリティ障害が医療で扱われるべきなのか、司法で裁かれるべきなのかは、今のところケースバイケースで判断されており、厳密に区別することはできません。

こういったことから、患者の診断名にパーソナリティ障害とつけたがらない医師がいることも事実です。そもそもこの病気は、ある程度本人のパーソナリティが固まっていることが前提とされるため、基本的に十八歳以上の年齢の人に用いられます。そのため、十八歳未満で同様の問題がある患者には、情緒障害、行為障害、広汎性《こうはんせい》発達障害（自閉スペクトラム症）などの病名がつけられています。

ちなみに私のところにも、「十〜二十代前半の子供が、発達障害と診断された」という家族からの相談が、ここ数年で急増しています。詳細を聞いてみると、「複数の病院を受診したところ、発達障害と診断した医師もいた」「発達障害の疑いがあると言われた」と言うなど、とても曖昧な診断であることが分かります。私からすると、本当に病気だろうかと思ってしまうような例もあり、そのような患者ほど、福祉制度の利用はできていても、症状の改善や根本的な問題解決には至っていません。

逸脱した言動をとり、家出や深夜徘徊、違法行為を繰り返すような子供は、家族や学校だけでなく医療機関からも持て余されがちです。そういった子供たちに、専門家がとりあえず発達障害と病名をつけて、カテゴライズしているようにも思えます。

私自身は、パーソナリティ障害という病態は、対象者を知るうえでの一つの指針として受け止めていますが、そもそも病名自体にそれほどこだわりを持っていません。というのも、似たような事例でも、主治医によって病名や診断が異なることは、よくあることだからです。

たとえば、刑事訴訟上の精神鑑定を参考にしてみると、東京・埼玉連続幼女誘拐殺人事件を起こした宮崎勤は、逮捕後、簡易鑑定を含め三度の精神鑑定を受けています。鑑定した精神科医によって結果は異なり、「人格障害」「統合失調症」「解離性同一性障害」といった診断名がついています。人間の心は機械で計れるようなものではなく、人間が人間を診るのですから、医師の診察の仕方や、そのときの対象者の態度、受け答えなどによって異なった答えが出るのも当然といえるでしょう。

もちろん、医療や福祉につながるためにも、医療機関で診断を受けることは必要です。診断名により適切な服薬ができ、症状が改善することもあります。しかし大切なことは、本人が問題行動を起こしてしまう原因を見極め、それを本人自身が理解できるよう導いていくことだと、私は考えています。そのうえで、より良く生きるための環境づくりを、周囲がサポートしていくことです。

問題行動の根底にあるもの

さて、周囲の人の理解を越えるような問題行動をとってしまう対象者の根底に、いったい何があるのでしょうか。ここでは私が彼らに携わって感じたことや、目にした実態をもとに、お話ししたいと思います。

私の経験上、彼らの多くに共通しているのは、幼少期から何らかのサインがあったということです。一例を挙げると、集団生活が苦手、こだわりが強い、周囲の動向に過敏、落ち着きがなく忘れ物が多いなど注意を受けることが多かった、他の子供と仲良くできず、自分より幼い子供や動物を虐待していた、というようなことがあります。そして思春期には、いじめや不登校、受験の失敗などにより、大きな挫折感《ざせつかん》を味わっています。そのままひきこもってしまう例もあれば、何とか大学や専門学校まで進む例もありますが、その後、定職に就けない、リストラされた、職場でトラブルを起こした、などの理由から、家族を巻き込み健全な日常生活が送れなくなっていきます。恋人に振られた、交際が長続きしない、結婚ができないなど、異性の問題がきっかけとなることもあります。

こうなると、学校や社会から取り残されているという焦《あせ》りが、眠れない、食べられないといった身体の不調につながり、やがて神経質な言動やパニックといった症状で現れたり、アルコールや薬物への依存につながったりします。幻覚や妄想といった症状を呈し、「統合失調症」と診断を受けているケースでも、発症までにこのような経緯をたどっていることは少なくありません。

彼らは周囲からの評価には過敏なため、「こうなったのは親のせいだ」と、家族に責任を転嫁《てんか》するようにもなります。一方で、「心の病気」という理由があれば、働かないことに対する大義名分もでき、家族にも甘えることができます。こうして本人は、社会から取り残されているという不安を抱えながらも、「心の病気」という免罪符を手放すことができません。そのジレンマがさらなる苛立《いらだ》ちとなって、家族、ときには第三者に向かうのです。

彼らがスムースに医療につながれない理由としては、おもに二つのパターンが考えられます。

一つは、長らく放置した結果、本人の暴力性が激しくなっている場合です。先に述べたように、現在の日本の精神科医療は、薬物療法が中心とされています。他害行為が幻覚や妄想に基づくものであり、服薬によって症状が治まるようなケースであればともかく、家庭内で暴力行為があるという事実だけでは、精神科医療で対応すべきかどうかの判断は、その医療機関や主治医の見解によります。そして多くは入院治療の対象にはならないとみなされ、受け入れてもらえないのです。本人に治療の意思がなければ、なおさらです。

仮に精神疾患に起因する行為として入院させてもらえても、薬が効かず、本人が院内でトラブルを起こしてばかりいるようでは、「これ以上、快復は見込めない」として退院を促されてしまいます。

もう一つは、本人にある程度の社会性があるパターンです。働くなど社会に出ることは苦手ですが、自分の趣味や興味のあることに関しては行動力もあり、家族以外の第三者と会話を交わすこともできます。しかし家庭内においては、家族を服従させ金の無心をするなど、自分の都合通りに動くことを要求します。家族が従っているうちは問題はありませんが、少しでも思い通りにならないことがあると、暴力や暴言で家族を支配しようとします。その一方で、他者の言動に敏感になり、それが神経質な行動につながっています。たとえば、過剰な防犯意識から自宅に鍵《かぎ》をいくつも取り付けさせたり、雨戸を閉めたままにさせて窓の開閉を許さなかったり、「隣の人が危害を加える」と被害妄想を抱き、家族に対応策を強要する行為なども、特徴の一つと言えます。

幻覚や妄想といった症状は、服薬することで多少なりとも改善が見られますが、本人の思考の偏りやこだわりの強さなど、いわゆる性格や気質に関わる部分を変えられるような薬はありません。ましてや薬物療法が、イコール「就労」や「自立」につながるわけなどなく、原因の一つである家族との関係を改善し、人間関係を育《はぐく》む力や適応力など、自立に不可欠な社会性を身につけていく必要があります。しかしこれもまた医療の範疇《はんちゅう》ではないというのが、大半の医療機関の認識です。そのため入院先を探すこと自体が困難ですし、仮に入院できたとしても、急性期（症状の比較的激しい時期）の症状が落ち着いたら即退院、ということになります。

最近は、ひきこもりを専門に診る医療機関もありますが、外来治療が中心となっています。私が家族から聞いた限りでは、「本人の気がすむように、家族が生活するしかない」「今の状態では就労は難しいが、本人の気持ちを尊重し、十年くらいかけて気長に考えていきましょう」などというような、あまり現実的ではないアドバイスをされていました。ひきこもりの子供が中高年となり、親も高齢化している家庭を目にする機会も増えています。就労や自立への道は険しく、これから親が亡《な》くなったときに、子供のライフプランをどうするのかという大きな問題があります。

このように医療につながることが難しい一方で、家族は、本人による暴力や暴言、異常なまでの束縛に悩まされています。もちろんこれは、私が受けた依頼をもとにした分析になりますので、「パーソナリティ障害＝暴力や暴言＝危険」と言っているわけではないことを、あらかじめお断りしておきます。

家族に怪我を負わせるほどの暴力や、違法薬物の所持など、本人の行動が明らかに法に触れるものであるならば、１１０番通報をするしかありません。しかし現実には、なかなか難しい対応であることも事実です。特に家庭内暴力や家族間の窃盗の場合、警察には民事不介入の原則があります。今でこそ、あまりにも悪質な場合には、親族間の刑事告訴も受理することが増えてきましたが、それでも起訴までには至らず、最長二十日間の勾留《こうりゅう》で釈放になることが多いようです。

こういったことから、いざとなると家族は110番通報や被害届の提出を躊躇してしまいます。あるいは被害届を出したものの、本人の逆恨みを恐れて土壇場《どたんば》で取り下げてしまうこともあります。

仮に警察署に留置されたとしても、本人に精神科の入通院歴がある、もしくは精神疾患を疑う言動（不眠／食事や入浴をしない／幻覚や妄想がある／病的な自傷行為／コミュニケーションがとれないなど）があれば、被害届を出すよりも本人を医療につなげるよう勧められることが多いようです。

家族も心の病気にしたがる

もちろんこのように最悪の状況に陥るまでには、家族の対応にも問題があります。

一昔前までは、世間体を気にした親が、子供が精神疾患であることを隠しているケースが圧倒的多数を占めていました。やがて、新薬の開発や心理教育・治療法・研究の発展などから、国をあげて精神疾患に関する啓蒙《けいもう》が行われ、「早期発見、早期治療」が推進されてきました。今では、街を歩けば至るところに心療内科や精神科クリニックがあり、精神科受診に対する心理的な壁は格段に低くなったことを感じます。

そのような変遷《へんせん》の中で今度は、安易に子供を精神疾患にしようとする、そんな家族が見受けられるようになりました。一見すると、子供のことを思ってあちこちの医療機関に相談している一生懸命な親に見えます。しかしその経緯を詳細に見てみると、子供のためというよりは、親の都合で動いているようにしか思えないのです。

たとえば、本人や家族に対して厳しいことを言ってくれる医師や、なるべく薬に頼らない治療を行ってくれる医師など、私たちから見ると「いい先生だな」と思えるような主治医に巡り合えているのに、親の主導で通院をやめてしまっています。理由を尋ねると「診断名に納得できなかった」「発達障害の専門医ではなかった」などと言います。

そこには、子供がひきこもりやニートになり、家庭内暴力を振るうようになった要因に、親子関係や自分の育て方もあることを認めたくない、という意識が働いているように思えます。最も重要な親子関係の問題から目をそらし、インターネットや書籍で子供の症状に当てはまるような病名を探しては、その診断名をつけてくれる医師を求めてドクターショッピングをするのです。

特にその決定権のほとんどを握っている思春期の子供たちの親に、その傾向が強まっているように思います。私が依頼を受ける対象者の中には、十代後半から二十代前半の若者もいますが、家族からこれまでの生育歴をヒアリングすると、十代のうちから精神科に通わせ、服薬をさせている例も少なくありません。友人関係がうまく育めない、不登校になり成績が落ちた、非行（窃盗や傷害、家出、不純異性交遊など）を繰り返している、といった理由であちこちの精神科病院を連れ回しているのです。

そこで実際に本人と会って対話をしてみると、涙ながらに親への恨み辛《つら》みが語られるなど、明らかに愛情不足が要因の一つであると感じられることは、少なくありません。最近では、小、中学校にスクールカウンセラーが派遣されるようになり、その結果、精神科医療への心理的な壁はますます低くなっています。非行に対する指導中に泣き喚《わめ》きヒステリーを起こすからと、学校側から精神科を受診するように助言を受けた、という女子中学生の例もありました。これも結果的には、家庭環境と親子関係を見直したところ本人の状態は落ち着き、精神科を受診する必要はありませんでした。

私のところに来た時点で対象者が三十歳を過ぎているような相談では、その過去を辿《たど》ってみたときに「この時点で、親が本人に真剣に向き合っていれば……」と思うことも少なくありません。早い段階で専門家に相談することを否定するつもりはありませんが、なんでもかんでも簡単に精神疾患と決めつけられてしまう現代社会の風潮には、違和感を覚えます。

さらに近頃では、もっと明確に悪意を感じる依頼もあります。親が率先して、精神疾患を犯罪の隠れ蓑《みの》にしているのです。

子供が違法薬物を乱用していることを知りながら、警察に通報するといった適切な対応をとらずに、精神科を受診させている例がその一つです。医療の範疇に入ることで違法行為は隠蔽《いんぺい》しやすくなりますし、違法薬物の使用を隠したうえで、日本年金機構が指定する受給要件にある疾病名で診断書を作成してもらえれば、障害年金を受給することもできるからです。

家族から「医療につないでほしい」と依頼を受けても、ヒアリングや調査の段階でこのような事実が発覚することもあります。私は社会的介入者の責務として、相談に来た家族には最初から、「対象者が違法行為を行っていることが発覚したときには、110番通報します」と宣言していますが、中には、「警察沙汰《ざた》にはしないでほしい」と頼んできたり、警察を介入させたことを逆恨みしたりする家族がいることも事実です。

このような家族は、自分たち（親）の都合ですべてを進めようとします。はじめのうちは、自分たちは被害者だという顔をして、腰も低く言葉も丁寧に相談に来ますが、いざ事態が動きはじめると、とたんに自分勝手な言動を取り出すのです。そこに「子供を助ける」「子供の尊厳を守る」といった意識は見当たりません。

私に相談する以前にも、あちこちの専門機関や専門家に相談に行っているところをみると、おそらく同じような振る舞いをしているのでしょう。だからこそ、いろいろなところへ相談に行っているわりに、いつまでたっても解決に結びつかないのです。

自分たちの名誉や世間体が最優先であったり、あるいは財産を守ることだけ考えていたりと、その理由はさまざまですが、「欲」丸出しの家族の動きを見るにつけ、子供がなぜ家族を困らせ、問題行動を起こすのか、理解できるような気がします。

心の病気になりやすい世の中

精神科医療に対する心理的な壁は低くなったと述べましたが、それは単純に医療機関が増えたからだけではありません。精神疾患にまつわる情報も、ありとあらゆるものが手に入るようになりました。

たとえば書籍に関しても、医師が執筆した専門書から、一般の人が書いた病気の体験談まで、さまざまなものが世にあふれています（私の著書も、その一つでしょう）。それらに目を通せば、一つの病名に対して実に多様な捉え方があることが分かります。またインターネットの普及により、医療機関の良《よ》し悪《あ》しの情報もやり取りされるようになりました。匿名《とくめい》の掲示板には「このクリニックは簡単に薬を出してくれる」という情報まで書かれていることもあります。

自らの病気について調べたり勉強したりすることは大事なことかもしれませんが、それを悪用する人がいることもまた、事実です。

以前、私が移送を行った薬物使用障害の患者は、病室に向精神薬の分厚い事典を何冊も持ち込み、主治医に対して「自分にはこの薬が合っている」「こっちの薬に変えてくれ」などと注文をつけていました。経験の少ない若い医師や看護師では本人の知識に勝てず、論破されてしまうと聞きました。結局彼は、入院中に事件を起こしたこともあり、強制的に退院させられたのでした。

逆に、患者の求めるまま、簡単に向精神薬を処方する医師もいます。

インターネットで評判を調べ、あちこちの病院で向精神薬を処方してもらい、その薬に依存するという生活を続けていたある男性は、私に、こんなことを教えてくれました。

「精神科病院で『対人恐怖、自殺願望、不眠』、この三つを訴えれば、必ず薬を処方してもらえますよ」

さらに彼は、精神疾患に関する書物などから情報を得て、医師の前では言葉たくみに病気のふりをし、「うつ病」「不安神経症」といった病名を引き出していました。そして、自ら精神障害者保健福祉手帳を申請し、取得までしていたのです。

二〇〇八年には、リタリンを違法に処方した罪で、心療内科クリニックの院長が有罪判決を受けるという事件もありました。一部の医師の不適正な処方や乱用問題を受けて規制は強化され、向精神薬への依存や副作用の問題についても目が向けられるようになりましたが、法の網をかいくぐり、多剤多量処方を行う精神科医は、まだまだ見受けられます。

私はかねてより信頼を置いている精神科医から、こんな話を聞きました。ここ数年、十分な精神療法もなく多剤多量の向精神薬を処方したり、商売を優先して患者の求めるままに多量処方したりする精神科医が急増しており、結果的に向精神薬依存になる患者が増えていると言うのです。

私が信頼を置いている医師は、もともと丁寧な精神療法が評判でした。そのため彼のクリニックには、他の病院で向精神薬依存になってしまった患者が、減薬を含めた治療のために殺到しているのだそうです。本来の治療に加えて、減薬させることの大変さに頭を抱え、彼はこの現状にとても心を痛めています。

経営面でも、多剤多量処方で患者に不利益を与える医師が潤《うるお》う一方で、本来は自費負担ともいえる精神療法を、時間をかけて保険診療で行っている彼のような医師が、苦しい思いをしています。その皮肉な現実には、私もたいへんな憤《いきどお》りを覚えます。二〇一四年十月からは、診療報酬改定により、抗不安薬、睡眠薬、抗うつ薬及び抗精神病薬の処方の適正化がなされたため、今後どのようになっていくのか、慎重にみていきたいと思います。

このようにさまざまな要素が絡《から》み合い、精神障害者をめぐる問題は、いっそう複雑化しています。医療につなげれば解決に結びつく、と単純に言うことは、できなくなってしまったのです。

結果としてこの十八年のうちに、私の業務は説得移送のみならず、適切な医療機関を探すことや、本人の入院中の面会、退院後のサポートまで、範囲が広がっていきました。その経緯をふまえ、二〇〇二年には、自立支援施設「本気塾」を設立しました。本人の自立を促すためという名目ではありましたが、実際には、限界に達した家族の実態をあまりにも多く目にしたからです。「本人を家に戻したら、間違いなく事件が起きる」。それが手に取るように感じられた以上、家庭の外に彼らの居場所を作るしかありませんでした。

とはいえ、本人が違法行為をしないように見守り、就労など家族が望むような形で自立を促すことは、民間企業の形態では限界もあります。施設入所も就労も、本人の意思に基づくものでなければならないため、本人とコミュニケーションがとれる質の高いスタッフが必要です。危機管理の面からも二十四時間三百六十五日の態勢が求められますし、期間にしても複数年単位の話になってきます。ただしここ数年は、対象者の自傷他害行為による危険度が非常に高くなっています。医療や福祉のサポートがない限り、本人及び周囲の人間の身の安全を守ることができません。よって「本気塾」も、これまでの共同生活というスタイルでの運営は停止し、まずは入院中の面会サポートを通じて対象者との関わりを深め、福祉制度を利用できるよう支援していくかたちに移行しています。いずれにしても、民間業者（施設）に依頼する場合には、それなりに費用がかかってきますから、家族はその負担に頭を抱えていることでしょう。

また近年では、両親が亡くなったり、高齢になったりしたことで本人の面倒をみられなくなり、他の子供たち（本人の兄弟姉妹）に負担がのしかかる例も増えています。兄弟姉妹はもともと本人との折り合いが悪く、早くに実家を離れている場合がほとんどです。これまでの経緯や本人の病状なども知らされていませんが、親という保護者がいなくなれば、本人は兄弟姉妹を当てにするようになります。迷惑をかけられて距離を置きたくても、自宅や職場を知られている以上、邪険にすることもできません。そうなって初めて事態の深刻さに気付き、私のもとに駆け込んで来るような家族も少なくありません。

家族はもはや、「殺すか殺されるか」というところまで、追いつめられています。家族関係は破綻《はたん》し、限界を迎えているのです。これは、特殊な家庭環境にある家族だけの話ではありません。今の時代、親や兄弟、子供など家族をもつ以上は、誰にでも起こりうる問題だと、私は思っています。

それではこのように大衆化しつつある家族の問題に対して、国や行政機関、医療機関の対応はどうなっているのでしょうか。次章ではそこに焦点を当て、この問題の解決策を探っていきたいと思います。

第三章　最悪なケースほどシャットアウト

専門機関や専門家が対応しない「グレーゾーン」

精神疾患により医療機関にかかっている患者数は、近年、大幅に増加していると言われており、二〇一一年には三百二十万人（宮城県の一部と福島県を除く）にのぼっています。内訳は、多いものから、うつ病、統合失調症、不安障害などとされており、特にうつ病や認知症などの著しい増加がみられます。

それに呼応するように、専門機関や専門家も増えつづけているのを感じます。たとえば民間の移送会社にしても、今では数え切れないほど存在しており、金額もスタイルも実にさまざまです。私からすると、「この金額でどうやって危機管理をしているのだろうか……」と考えてしまうほど、破格値の業者もあります。家族の問題にまつわる相談を専門に受けている民間の会社やNPO法人、自立支援施設なども、さまざまな形態のものがあります。

行政機関でいえば、家族が精神疾患になったとき、身近な相談先として思い浮かぶのが、最寄《もよ》りの保健所や精神保健福祉センターでしょう。事実、家族や住民から、精神疾患の患者やその疑いのある者に関する相談があった際には、保健所や精神保健福祉センターが積極的に介入し、医療につなげる役割を担《にな》うことになっています。これは、精神保健福祉法や保健所の業務手引きなどにも、明確に記されています。

特に精神保健福祉センターは、精神保健福祉に関する相談の窓口を持つ公《おおやけ》の相談機関で、各都道府県、政令市には、ほぼ一箇所ずつ設置されています。精神科医、臨床心理技術者、精神科ソーシャルワーカー、作業療法士、保健師、看護師などの専門職が配置され、当事者活動の支援や組織化の手伝いなども行っています。

精神保健福祉に関連のある資格でいえば、一九八七年に社会福祉士、一九九七年に精神保健福祉士という、どちらも専門的な知識を有する資格が誕生しています。他にも障害者のための地域活動支援センター（名称は地域によって多少異なります）が、生活面での相談を受ける役割を担っています。

私がこの仕事をはじめた十八年前に比べると、一つのケースに対して、さまざまな専門機関や専門家が介入できる体制になりました。業務は細分化され、それぞれの役割でみたときには、そのレベルは格段に上がっていると言えるはずです。それにもかかわらず一向に問題解決に至らず、「子供に殺される」「子供を殺すしかない」と言うほど追いつめられる家族もまた、増えています。いったいなぜでしょうか。

その理由の一つとして、この問題をトータルでつかさどることのできる人がいない、ということが挙げられます。私はそれを、「家族のために犠牲になれる人」と置きかえて考えています。

各専門機関や専門家は、実は「点」でしかなく、真の問題解決のためには、その「点」を「線」で結ぶ必要があります。たとえば「患者を医療機関につなげる」とひと言で言っても、精神科病院の場合、相談や診察に行けば必ず入院させてもらえるわけではありません。ここは、身体《からだ》の病気とは大きく異なるところです。

本人のかかりつけ医が入院施設を持たない心療内科や精神科クリニックであれば、かかりつけ医に入院先を紹介してもらうか、保健所や精神保健福祉センターに相談するなどして自分で探すしかありません。本人の病状や状態によっては、空床がないことを理由に受け入れを断られることもあります。精神科を未受診の場合、受け入れ先の医療機関を探すことは、より困難です。

当日の移送にしても、家族で連れて行けるのか、民間の移送業者を使うのか、それとも警察を介入させなければならないほど危険な状態にあるのか、危機管理という側面からも、慎重に準備をする必要があります。

無事に入院できたからと言って、安心している暇はありません。現在ではほとんどの場合において、入院期間は一～三ヶ月とあらかじめ定められています。その間の本人への面会や、医療機関（主治医や担当のソーシャルワーカー）とのやりとりは誰がするのか。退院を促されたけれども、家族がまだ自宅での受け入れに不安を感じる場合、どうすれば良いのか。退院後は、本人を自宅で受け入れるのか、それとも施設等を探すのか……。

そもそも、本人を医療につなげるという選択肢をもっていない家族もいます。「入院させるほどではない」「そこまで問題が大きいわけではない」と、家族が思い込んでしまっているのです。私たちが詳しくヒアリングをしてみると、すでに何度も警察沙汰《ざた》を起こしていたり、散財が激しかったりして、近々破綻《はたん》をきたすことが目に見えています。しかし深刻な状態の家族に限って、「暴力さえなければ」「金の無心さえなければ」と目先の事象にとらわれ、本人と精神科医療との結びつきを、なおざりにしています。

精神科病院への入院と言うと、最初からマイナスのイメージを持つ家族もいますが、治療と並行して、規則正しい生活を取り戻し、身体を休めることで、家族関係を見直し人生を軌道修正するきっかけになることもあります。私がそのように入院の必要性を説くと、「保健所に相談に行ったが、入院のアドバイスなどされなかった」「通院先の主治医は、入院の必要はないと診断した」と返してくる家族もいますが、先にも述べたように、入院までにさまざまなハードルがあるのが精神科医療です。本人の病状や状態が複雑であればなおさら、積極的に入院を勧める専門機関などありません。

しかし、順番から言えば親のほうが先に亡《な》くなるわけですから、年を追うごとに発生するであろう問題を想定し、準備をしておく必要があります。もっと具体的なことを言えば、両親亡きあと、本人の面倒は誰が見るのか、金銭面も含めて考え、先手を打っておかなければなりません。

たとえば通院や服薬を習慣づけること、作業所やデイケアなどへの参加を促し協力態勢をつくっておくこと、精神障害者保健福祉手帳の取得、成年後見制度の利用等の法的手続きなど、親が元気なうちにやっておくべきことは、たくさんあります。

ようするに、本人を家庭内に囲い込むのではなく、第三者との関わりを増やすことが重要と言えるわけですが、そのためには、本人に直接会って話をし、必要に応じて説得ができる人物が必要になります。

家族がその役割を果たすことができれば理想的ですが、問題がこじれているケースほど、家族の関係も破綻しているものです。さらに精神保健分野は、人権などの問題からベールに包まれている面もあり、専門機関や専門家との交渉には、深い知識とテクニックが求められます。本気で問題解決をしようと思ったときには、家族にとってマイナスとなる情報も開示し、自分の仕事や人生を犠牲にするくらいの覚悟が求められます。だからこそ私は「家族のために犠牲になれる人」と呼んでいるのです。

二つ目の理由は、この問題が、ときに危険で、対応困難な性質のものだからです。第一章のドキュメントでもお分かりになると思いますが、なかなか解決しないケースには必ずと言っていいほど、危険で対応困難な因子が含まれています。

たとえば、患者がこれまでに家庭内暴力も含め、警察が介入するような事件を起こしている場合です。このような患者に対しては、各専門機関は、非常に慎重になります。仮に医療につながることができても、入院中に他患者に対して暴力沙汰を起こす、院内の器物を破損するといったトラブルを起こす可能性が高いとみなされるからです。

もちろん医療機関には、患者に対して興奮を抑える薬を投与したり、保護室（精神障害者に対して医療および保護のために「隔離」が必要な場合に、提供される個室）で保護をしたりと、トラブルを回避する方法もありますが、それらは一時しのぎの対応策であり、根本的な解決にはなりません。

本人に一定の社会性があるケースも同じです。家族からみれば病的な言動の連続でも、第三者と意思の疎《そ》通《つう》ができ、幻覚や妄想といった明らかな症状が見受けられなければ、入院を断られてしまいます。家族が入院の相談をしたところ、医師から「入院治療で効果がある症状は、幻覚や妄想だから」「パーソナリティ障害に関しては、入院しても治療効果はない」とはっきり言われた、と聞いたこともあります。

これらの患者は、それなりに学歴があったり理屈に長《た》けた会話ができたりする一面があります。精神科医療に関する情報や法律にも明るく、入院が決まろうものなら、医師に対して「人権侵害だ」「不当入院だ」などと訴えることもあります。

病歴が長く、入退院を繰り返しているような患者になると、精神科医療の制度にも精通しています。たとえば入院（医療保護入院）するなり「退院請求をするぞ」と言い出すのです。退院請求がなされると、精神医療審査会が本人と主治医、家族等に対して意見聴取を行うのですが、本人は、第三者（この場合は精神医療審査会）の前では人当たりよく振る舞うすべを身に付けており、家族がどんなに病的な言動や日常生活への不安を訴えても、「医療保護入院の必要なし」と判断されてしまうこともあります。

そのため、入院継続の必要があるかどうかの判断が微妙なケースの場合には、退院請求を出した時点で退院させてしまう医療機関もあります。院内に第三者が入ることは好まないし、もし退院請求が通ることになれば、他の患者に与える影響も含め、秩序を保てなくなる恐れがあるからです。ただし実際には、退院請求から結果が出るまでには、時期にもよりますが約一〜二ヶ月かかるため、最初から三ヶ月で退院が決まっているような患者の場合、この制度が利用されることはほとんどありません。

医師だけでなく病院職員に対しても、トラブルを持ちかける患者がいます。職員に暴力を振るったり、無理難題を押しつけたり、困らせるためにわざと忙しい時間帯に問題行動を起こしたりするのです。あるいは、他の患者をけしかけ、集団で看護師を糾弾したような例も聞いたことがあります。

私もこういった、言葉は悪いですが「クレーマー」とでも言いたくなるような患者の増加を、肌で感じています。志を持って精神科医療に従事したものの、患者への対応に疲弊し、現場を離れてしまう職員も数多く見てきました。結果的に、難しい患者にも対応できる経験値の高い職員が減り、危険で対応困難な患者は、ますます排除される方向に進んでいます。

こうして、表向きは「精神科医療の範疇《はんちゅう》ではない」「治療効果があがらない」ことを理由に、最も難しい問題が「グレーゾーン」として取り残されているのです。

対応困難な患者は、ブラックリスト化されている

第一章のドキュメントにも書きましたが、対応困難な「グレーゾーン」に該当する患者は、トラブルを起こした段階でブラックリスト化され、医療の現場から排除されているのではないかと思うことがあります。

かつて私は、ある家族から「本人が入院中に他の患者と口論になり、止めに入った看護師の胸ぐらをつかんだ行為の結果、病院から退院を促された」という相談を受けたことがありました。本人を保護するという側面からみても、医療機関は慎重に様子をみるべきケースでしょう。私は家族に、入院継続できるよう医療機関とよくよく相談するようにとアドバイスをしました。しかし最終的には、医療機関の「本人も退院を望んでいるから」の一点張りで、退院が決まってしまいました。

この患者は、過去にも入退院を繰り返していました。しかも退院のたびに、家族に暴力を振るって大怪我《おおけが》をさせたり、家に放火をしたりしていたのです。患者が家に戻れば、同じ事が繰り返されることは目に見えていました。

そこで私は、「それならば転院先を探すしかない」と提案し、院内での暴行事件のことは伏せたうえで、数多くの病院に当たりました。事務所のスタッフも総出で六十件近く電話をかけ、ようやく「転院を受け入れましょう」という病院が見つかりまし

た。ところが、ほっとしたのも束の間《つかま》、翌日には「やはり受け入れが難しい」と連絡が来たのです。

手のひらを返すような対応に、私は、「患者の悪い情報が流れているのではないか」と感じました。最終的にこの患者は、別の手段を使って何とか転院先を確保することができたのですが、この一件は私の頭を離れませんでした。

そもそも各精神科病院には、措置入院や医療保護入院患者の定期病状報告や、医療保護入院患者の入院届を、精神保健福祉センター内に設置されている精神医療審査会に提出する義務があります。

定期病状報告や入院届には、診断内容を含むそれなりの個人情報が記載されているため、精神保健福祉センターが患者情報を持っていることは間違いないでしょう。しかし個人情報保護法がありますから、医療機関が表立って照会をかけ、患者情報を聞くようなシステムがあるとは思えません。

しかし私はその後、再び同じような経験をすることになります。刑務所から出所する人物を、精神科医療につなげる業務を請け負ったときのことです。この人物は、服役する以前から妄想に基づく他害行為を繰り返しており、精神科への入通院歴もありました。ある事件を起こし、簡易鑑定の結果、「刑事責任能力あり」として司法で裁かれたため、家族が今後について私に相談に来たのです。家族の依頼もあり、私は服役中の本人の面会に同行し、人間関係を構築していきました。

本人には幻聴や被害妄想があり、独房に入っていました。また、家族に届く手紙の内容も、脅し文句の混じった支離滅裂な文章でした。そこで、刑期満了が近くなった時点で、家族とともに担当刑務官に相談に伺い、所内でも審議された結果、精神保健福祉法第二十六条通報による措置診察が行われることになりました。措置診察では、「疎通性があることから措置入院は非該当であるが、入院治療が望ましい」と判断されたため、医療保護入院という形で医療につなげられるよう、県職員（精神保健福祉センター）の協力を仰ぐことになったのです。ここでも紆余曲折《うよきょくせつ》はありましたが、何とか入院が決まりました。

ところがこの時に、不利益情報も含めた患者のデータが、県内の医療機関に出回ってしまったのでしょう。この人物がその後、転院を余儀なくされたとき、最初は受け入れに応じてもらえても、名前など個人情報を伝えたとたんに断られてしまうという、かつてと同じような目に遭ったのです。

以上のことから私は、以前に重大な警察沙汰を起こしたことがある患者や、入院中に問題行動を繰り返しているような患者の情報は、ブラックリスト化され、最初から排除される仕組みになっているのではないかと考えています。医療機関がこのような状況ですから、仲介役である保健所や精神保健福祉センターも、こういったケースへの対応は消極的です。

ここには、先述したパーソナリティ障害に関する問題の影響が、たぶんに含まれているように思います。医療機関や主治医の方針によっては、このような患者は「薬が効かない＝治療効果がない」として敬遠されがちなのです。ある精神科医が、「暴力を振るい、警察沙汰を繰り返しているような患者は、私たちも診るのが怖いですよ」と、率直な本音を教えてくれたこともあります。

当然、保健所や精神保健福祉センターの職員も、対象者と人間関係を構築する手段を持っていません。この手段には、職員個人の対人能力はもちろん、本人とのコミュニケーションも含めたノウハウや危機管理など、組織としての構えも含まれます。

危険で対応困難な「グレーゾーン」のケースほど、対応を間違えれば、自分が訴えられたり怪我をしたり恨まれたり、ということにもなりかねません。医療機関も治療に積極的ではない以上、保健所や精神保健福祉センターは、自分たちの危機管理を優先するしかありません。家族から助けを求められても、体《てい》の良い理由でやり過ごすしかないのです。

実際に、私のところに相談に来る家族の多くが、保健所や精神保健福祉センターで話は聞いてもらえても、具体的な解決策は教えてもらえなかった、と訴えます。「本人を一人暮らしさせたらどうか」「(本人を置いて)家族が家を出たらどうか」「本人を苛立《いらだ》たせないように、希望を聞いて見守ってあげてください」という非現実的なアドバイスを受けたと、嘆くこともあります。最近は、家族の要望に応じて保健師などが自宅まで来てくれることも増えていますが、本人の拒否にあい、会うことすらできなかった、というケースが多いようです。

保健所や医療機関などの現場では、困っている家族がいることも、その危険度も十分に認識しています。しかし、公的機関であるからこそ、時間や予算にも限りがあり、すべて請け負っていてはパンクしてしまいます。それならば、「グレーゾーン」の問題には最初から触れずにおこう、というわけです。結局、専門機関同士が、面倒な問題は排除するという方向性で連携してしまっているのが現状です。

「心の時代」が叫ばれて久しく、精神保健に関する専門機関は増え、一見すると家族や患者は専門家につながりやすくなりました。ところが一番困っているはずの「グレーゾーン」の問題ほど、どこへ相談に行っても、具体的な解決策は何一つ提示してもらえません。専門機関は対価や効率ばかりを求め、専門家は自分の分担を滞りなく遂行することだけを考えている。そんな冷たさを感じることもあります。専門機関や専門家が増えることで責任の所在が曖昧になり、誰もが面倒な家族の問題、面倒な患者をたらい回しにしているのです。

「何かあったら110番通報を」というアドバイス

実は現在、こういった「グレーゾーン」によるトラブルのしわ寄せを一手に引き受けているのが、警察と言えます。実際にこの問題に悩まれる家族の中には、保健所や医療機関から、「何かあったら110番通報をしてください」というアドバイスをされた方もたくさんいるでしょう。

家族は「事件を起こしてからでは遅いから、今すぐにでも医療につなげたい」と、必死の思いで保健所や医療機関を訪れています。しかし保健所の職員から「本人から拒否されれば、私たちも介入できません。その結果、事件が起きてもそれは仕方ないことです」と言われたり、医師から「本人に必要なのは、医療よりも法による裁きですから、精神科医療を利用しないでください」と言われたりすることもあるようです。

私が業務を行う際にも、対象者に自傷他害の恐れがある場合には、警察に協力を要請することがあります。生活安全課の職員の方に話を聞くと、こういった自傷他害行為を含め、「グレーゾーン」の問題に関する家族や近隣住民からの相談や通報は、非常に多いと口を揃《そろ》えて言います。所轄《しょかつ》によっては、一ヶ月に二千件もの相談や通報があると聞いたこともあります。

また通常の業務においても、保健所や医療機関の迅速な対応を受けられなかった精神障害者の方々が、事件を起こして留置されていることも多いと聞きます。留置施設や、拘置所など刑事施設では、違法薬物やアルコール依存による禁断症状を起こす方、妄言を吐いたりせん妄の症状を呈する方、希死念慮による自殺企図を繰り返す方もいるそうです。そのため警察では、精神科医を呼び診察を受けさせ、薬を処方しなければならないこともあり、これらの施設がまるで精神科病院の保護室のようになっていると言います。

さて、保健所や医療機関から「何かあったら110番通報を」とアドバイスされ、実際に警察に赴いている家族もいます。緊急性の高い事案であれば警察官が現場に出向いての対応となりますが、その他の相談に関しては、生活安全課にふられることがほとんどです。生活安全課では、家族からの話を聞き、危険度によっては自宅周辺の巡回を増やすなどの対応をしてくれることもあります。

ときどき、「警察も何もしてくれなかった」と言う家族がいますが、それは間違っています。警察が介入できる事案は、あくまでも法に抵触する事件や事故に関すること ですから、漠然とした家族間のトラブルだけでは、働きかけを行うことはできません。

なお、警察官職務執行法第三条には、「精神錯乱又は泥酔《でいすい》のため、自己又は他人の生命、身体又は財産に危害を及ぼすおそれのある者」で、異常な挙動から保護の必要があるとみなされるケースについては、「取りあえず警察署、病院、救護施設等の適当な場所において、これを保護しなければならない」と定められています。ただし保護できる時間は、原則として二十四時間以内です。この間に、命の危険があるような自傷他害行為が続いたり、対象者の興奮が収まらなかったりした場合には、警察官通報による措置入院という選択肢がとられることになります。これは、精神保健福祉法の第二十三条に警察官の通報という条文で定められていることによります。

(警察官の通報)

第二十三条　警察官は、職務を執行するに当たり、異常な挙動その他周囲の事情から判断して、精神障害のために自身を傷つけ又は他人に害を及ぼすおそれがあると認められる者を発見したときは、直ちに、その旨《むね》を、最寄りの保健所長を経て都道府県知事に通報しなければならない。

警察官の役割はこの第二十三条通報を行うところまでで、それ以降の判断の責任は保健所にバトンタッチされます。まずは保健師が本人と面談をし、そこで保健師が精神保健指定医の診察が必要だと判断した場合には、二名以上の指定医が呼ばれ、診察を受けることになります。そして各指定医の診断が措置入院に該当すると一致した場合、都道府県知事または政令指定都市の市長が、精神科病院等に入院させることになります（精神保健福祉法二十七条、二十九条）。これは、精神科医療における入院形態の一つで、「措置入院」と呼ばれるものです。

措置入院は、行政措置による最も強制力の高い入院形態であるため、入院の決定までに、保健師による面談、指定医による診察という二段階の手順を踏むのです。そのため警察官は、本人が自傷他害を行っているからと言って、すぐに第二十三条通報をするわけではありません。むしろその判断には非常に慎重になっています。私が警察関係者に話を聞いた限りでは、「警察官が到着しても、まだ暴れている」「誰が見てもおかしいと思うような、よほどのレベル」を基準としているようです。そのレベルでなければ、保健師の面談や指定医の診察により、措置入院に該当すると判断されないからです。もっとも患者の中には、この仕組みを理解している方もいて、警察を呼ばれたとたんに大人しくなってしまうこともあります。

また現状では、呼気検査によりアルコールが検出されている間は、自傷他害行為があっても措置診察にはならないため、第二十三条通報は適用されません。アルコールが入っている状態では、自傷他害行為が精神疾患によるものなのか、酩酊《めいてい》状態によるものなのか、判断ができないからです。

しかし、アルコール使用障害ゆえにこういった問題を起こしている患者もいます。酩酊者規制法第七条には、「アルコールの慢性中毒者については、最寄りの保健所長に通報しなければならない」という規定があるのですが、実態としての通報件数はほとんどないようです。今やアルコール使用障害も珍しい疾患ではありません。厚労省発表の推計によれば、アルコール使用障害で治療の必要のある患者は八十万人、その疑いのある人は四百四十万人いると言いますから、条文がうまく機能し、スムースに医療につなげられる仕組みができてほしいと思います。

このように、警察官の第二十三条通報によって措置入院に至るのは、対象者がかなりのレベルで暴れたり、危険な行為を行ったりしている例に限られます。しかし駆けつけた警察官によっては、通報に至らなくとも本人を諭してくれたり、医療機関に連れて行く際に同行してくれたりする場合もあります。

身の危険を感じるほどのトラブルに巻きこまれている場合には、できるだけ証拠となるもの（映像や音声など）を記録し、主管行政機関である保健所を中心に、警察などにもこまめに出向いて相談記録を残しておくことは、万一を想定したときにも、非常に重要なポイントであると言えます。

さて、家族が危害を加えられたり、身の危険を感じたりしたときには、110番通報するしかないわけですが、だからと言って、公的な専門機関や専門家が、最初から「何かあったら」とすべてを警察に丸投げしている現状には、疑問を持たざるをえません。

私は先に、この問題が解決に至らない一因として、「病気（精神疾患）として治療すべき」なのか「犯罪として立件（更生）させるべき」なのかというボーダーラインがあることを述べました。一般的に、事件や事故を起こしかねない患者は「こわい」「危ない」「近寄りたくない」存在と思われがちです。しかしそもそも精神保健分野には、犯罪精神医学や司法精神医学といった学問もあり、犯罪とは切っても切れない関係のはずです。

法律（精神保健福祉法）の側面からみても、警察官、検察官、保護観察所の長においては、精神障害者又はその疑いのある者について、保健所を通じて都道府県知事に通報するなどの適切な対応が求められています（第二十三条、二十四条、二十五条）。しかし、その後、対象者が措置入院に至るかどうかは、保健所と精神保健指定医の判断に委《ゆだ》ねられています。

このようなことから、自傷他害行為を行う人物に対して、精神保健の領域からアプローチできる余地は十分にあるはずです。しかし実際には、対象者との面談や診察をすることもなく、「何かあったら110番通報を」といったアドバイスに終始しています。これでは保健所や医療機関の関係者が、最初から本人を、「有害性のある犯罪者」として審判を下しているようなものです。

医療では限界があるのか

「グレーゾーン」の問題では、保健所や精神保健福祉センター及び医療機関が、初めから対象者を「警察が対応をとるべき＝司法で裁かれるべき」と判断し、野放しにしているのが現状です。

近頃、私が現場で見聞きして感じる限り、医療機関は「自分から治療を受けに来る」「薬が効く」という患者のみを、治療効果のある患者として好んで受け入れているようです。自傷他害行為を繰り返し、精神疾患と診断されていても、薬の効果がないような患者は初めから受け入れず、受け入れたとしても、急性期の症状が治まれば、「これ以上治療を続けても変わらない」ことを理由に退院させてしまいます。

それでは本当に、医療にできることはないのでしょうか。私はそうは思っていません。たとえば増加するストーカー事件に対する社会の動きが、それを如実《にょじつ》に表しています。

ストーカーという言葉が広く一般に知られるようになったのは、一九九九年に起きた「桶川《おけがわ》ストーカー事件」がきっかけでした。この事件を機にストーカー規制法が成立し、加害者に対して警察が警告を出せるようになりました。それでも従わない場合は、都道府県公安委員会が禁止命令を出すことができます。

しかしながら警察庁の発表によると、ストーカー行為で警察から警告を受けたり逮捕されたりするなどした加害者の一割超が、半年以内に同様の行為を繰り返しているそうです。そこで警察庁および警視庁は、独自の対策を次々に打ち出しています。

その一つが、ストーカー行為を繰り返す加害者に対して、専門機関で治療を受けるよう促していくという方針です。警察庁は、加害者数十人分の治療に向けた研究費用として約一千百万円を二〇一四年度予算案に計上し、警視庁も、加害者に治療を促すパンフレットを配布しています。

警察庁・国家公安委員会は、精神科医の福井裕輝《ひろき》氏に協力を仰ぎ、ストーカーやDV事案における危険予測のためのチェックリストを作成してもいます。なお、福井氏は著書『ストーカー病―歪《ゆが》んだ妄想の暴走は止まらない―』の中で、ストーカーを繰り返す加害者は「ストーカー病」という名の病人であり、適切な治療を受けるべきであると訴えています。

私も、ストーカー加害者に対しては、精神保健分野からのアプローチが解決策の一つであると考えています。過去に加害者側の親から相談を受けて、ストーカー行為を行っている子供を医療につなげた例については、ドキュメントのケース6で書いたとおりです。

ストーカー規制法による警告や禁止命令で目を覚ます加害者もいますが、よけいに恨み辛みを募らせ、凶悪事件となるような行為に及ぶ加害者がいることも、また事実です。このような加害者には、本人の心の声に耳を傾けてくれる存在が必要です。特にストーカーの場合、交際相手からは拒絶され、その後の行動によって家族や友人など周囲の人間からも敬遠されていることがほとんどです。孤立した人間に対して寄り添うことができるのは、「心」の専門家である精神科医療従事者に他なりません。

ドキュメントで書いた彼の例で言えば、ストーカー事件を起こしたあと、「死にたい」「相手を殺したい」などと言って家族を振り回していたわけですが、精神科病院に入院し、うつ病によりリストカットを繰り返している患者から傷跡を見せてもらい、重度の統合失調症に苦しんでいる患者を目の当《ま》たりにしたことで、自分を振り返ることができたと言います。それが、「二度とこういうことをしてはならない」という内省につながり、その後の医師による精神療法の効果もあり、心の整理をつけることができました。

特に事件にまで発展するようなケースでは、本人が暴力や危険な言動とともに、たとえば不眠、うつ、自殺念慮（自殺企図）、疎通性に乏しい、衝動的な言動があるなど、精神疾患の症状を呈していることも多いものです。ここにアプローチができるのは精神保健分野しかありません。近年起きたストーカーや通り魔の事件でも、加害者の精神状態を心配した家族が保健所などに相談に行き、民生委員が介入していた事例もありました。しかし、医療につなげるといった踏み込みがなかったために、被害者の出る事件となってしまっています。

こういったことから、警察庁および警視庁では、ストーカー加害者を医療につなげる取り組みをはじめているのです。本来の機能からみたときには、厚労省（保健所や医療機関）から警察に相互協力を申し出るべきと思ってしまいますが、現場レベルでは、「ストーカーまで精神科医療の領域として対応させられては……」といった声もあります。これまで対応困難な患者を避けてきた結果、もはや新しい難問に取り組むだけの機能もマンパワーもない。そう言っているようにも聞こえてしまいます。

ここではストーカーを例に挙げましたが、家庭内で起きている「グレーゾーン」の問題も同じ構造であると、私は思っています。現在、家庭内で「加害者」として君臨しているのは子供であっても、過去を辿《たど》ってみたときには、親からの異常なまでの束縛、抑圧、放任など、虐待《ぎゃくたい》ともいえるような仕打ちを受け、心に傷を負っています。子供の頃に親からされたことに、今になって仕返しをしているのではないかと思うほどです。

その良《よ》し悪《あ》しはともかく、本人が社会に適応できず、苦しんでいることは事実なのです。本人が客観的に自らの言動を振り返り、家族との関係を受け止めるためにも、「心」の専門家である精神保健分野の力が求められています。

もちろん、医療にかかったからといってすべての問題が解決するわけではありません。特に現行の薬物療法中心の医療体制では、協調性や適応力といった社会性を身につける訓練を長期継続させることは至難の業ですし、本人に思考の偏《かたよ》りを認識させることは難しく、入院したところで、いったいどの時点を退院の目安とするのかという問題もあります。

私も現場を知っているだけに、グレーゾーンの対象者に対する治療や対応が一筋縄ではいかないことは、よく分かっているつもりです。常に危険と隣り合わせであることも事実です。しかし、先に述べたストーカー事案の彼のように、精神科にかかることで、心の整理をつけて社会復帰できる例があることも確かなのです。

私が尊敬する精神科医は、かつて、こんなことを言っていました。

「刑法を犯すようなことは、どんな犠牲を払ってでも止めなければならない」

この医師は長年、医療刑務所の所長を勤め、定年後は、民間の精神科病院で診察を行っていました。医療刑務所での経験を活《い》かし、晩年は薬物やアルコール依存など物質使用障害や、パーソナリティ障害など、いわゆる対応困難な患者の治療を専門とされていました。中には暴力団関係者の患者や、凶暴性のある患者もいたはずですが、どんな患者にも本気で対峙《たいじ》していた姿が印象に残っています。

「パーソナリティ障害に対する治療は、たしかに難しく、画期的に良くなる可能性も高いわけではない。しかし、治療も含め自分に対してなされたことは、患者の心に必ず残る。だからこそ、やらないよりはやったほうがいい」というのも、この医師の口癖でした。

退院時期も入院日数で判断するのではなく、患者が現実的な自立計画を立てられるよう導き、それを家族が納得しない限り退院はさせないと、厳しく対応しておられました。数年前にまだこれからという年齢で亡くなられたことは、かえすがえすも残念でなりません。

私自身、問題解決の難しいケースが舞い込んできたときには、この精神科医の言葉を思い出し自らを鼓舞しています。医療従事者をはじめとする専門家たちが、最も険しい頂きへの挑戦を忘れてしまったときには、この分野における発展はありません。それは、不幸な患者や家族、そして犠牲者を増やすことでもあります。私は、この問題に長年携わってきた人間の一人として、そのように考えています。

第四章　精神保健福祉法が改正されて

法改正ですべてが変わった

実は、私がこの本の執筆をしている間に、精神保健福祉の分野は大きな転換期を迎えました。それは、「精神保健福祉法」が二〇一三年六月に改正され、二〇一四年四月より施行されたことによります。

私は業務を通じて、この分野で起きている現実を目《ま》の当たりにしてきました。その結果、ここまでに述べてきたように、「死」を思うほど追いつめられている家族がいることや、そういった最悪のケースほど、専門機関や専門家から敬遠され、放置されているという真実が見えてきました。「このままでは大変なことになる」という危機感こそ、私が抱いていた率直な思いです。

そして四月に改正精神保健福祉法が施行されて以降、その危機感は現実のものとなりました。今や多くの家族が、崖《がけ》っぷちに立たされています。この章では、私が実際に見聞きした事柄を交えて、法律や制度にまつわる問題点について考えてみたいと思います。

なお、精神保健福祉法や制度などは、一般の方にはあまり馴染《なじ》みのないことかもしれません。しかし、あえて触れるのは、精神障害者を抱える家族と接していて、それら法律や制度があまりにも知られていないと感じるからです。今後は特に、家族がこの仕組みを深く理解しない限り、解決に結びつくことは決してありません。

そもそも今回の改正精神保健福祉法では、従来の精神障害者を保護者（家族……おもに配偶者または両親）が支える方向から、社会や地域で受け入れていく方向へと、大きく舵《かじ》をきっています。ここでは精神障害者を持つ家族に大きく関係する条文を取り上げ、改正前と改正後の違いについて、読み比べてみます。

（精神保健福祉法　改正前）

①任意入院者および通院患者を除く精神障害者に治療を受けさせる義務（二十二条一項）
②任意入院者および通院患者を除く精神障害者の財産上の利益を保護すること（二十二条一項）
③精神障害者の診断が正しく行われるよう医師に協力すること（二十二条二項）
④任意入院者および通院患者を除く精神障害者に医療を受けさせるにあたって医師の指示に従うこと（二十二条三項）

⑤医療保護入院の同意を行うことができること（三十三条一項）
⑥退院等の請求をすることができること（三十八条の四）
⑦回復した措置入院患者等を引き取ること（四十一条）
⑧前記⑦の引き取りを行うに際して、精神科病院の管理者または当該院と関連する精神障害者社会福祉施設の長に相談し、および必要な援助を求めること（二十二条の二）

（改正後）

①〜④、⑦、⑧は削除

⑤医療保護入院の同意を行うことができること（三十三条一項）
↓要件の変更　これまでは、保護者として一名を、家庭裁判所から審判を受けて選任していたが、今後は家裁の手続きはいらず、家族の者のいずれかの同意を要件とする

⑥退院等の請求をすることができること（三十八条の四）
↓要件の変更　⑤により、退院等の請求については、家族による退院等の請求も認められる

改正前と改正後で大きく変わった点は、以下の二つに集約されます。

一つ目は、保護者制度が廃止されたことです。保護者制度とは、病識のない精神障害者に治療を受けさせたり、権利や財産を守ったりするために、おもに家族に課せられた義務のことを言います。今回の法改正では、家族の高齢化等に伴い、負担が大きくなっていることなどを理由に、条文から保護者の義務規定が削除されました。もともと努力義務規定だったとはいえ、保護者の義務規定が削除されたことで、家族が本人を医療につなげるための法的根拠は、第二十二条の一般申請を利用する以外、なくなってしまいました（一般申請については、後ほど説明します）。

二つ目は、医療保護入院制度の見直しです。医療保護入院の同意を行う人物について、改正前の「保護者として一名を選任する」から「家族の者のいずれかの同意を要件とする」に変更されています。家族の者のいずれか、というのは、配偶者、親権者、扶養義務者、後見人又は保佐人のことを指します。該当者がいない場合等は、市町村長が同意の判断を行うと定められています。

かつては一般的に、医師が入院の必要ありと診断し、軽い説得で同意するような場合は任意入院となり、数時間かけても説得に応じなかったり、開放病棟での対応が危ぶまれたりする場合には、医療保護入院となっていました。しかし最近は法改正の影響もあり、従来であれば医療保護入院になっていてもおかしくないような患者が、医療機関の意向で任意入院とされることが増えています。

患者を尊重すると言えば聞こえはよいですが、医療機関側の都合が垣間見《かいまみ》えることも事実です。好んで長期間入院する患者は滅多にいませんから、任意入院とすることで確実に短期の入院にすることができ、早期退院を告知すれば、患者をコントロールすることもできます。もし患者の対応に困ったときには、本人に退院を促すことで、明日にでも退院させることも可能です。任意入院のほうが書類等の手続きも少なくすむため、職員の負担を軽減することを優先し、医療保護入院を敬遠している医療機関もあると聞きます。

また、医療保護入院の際の同意権者が、「保護者として一名を選任する」から「家族の者のいずれかの同意を要件とする」に変更されたことで、形式上は、家族のうち特定の一人に負担がのしかかるという事態は軽減されるように見えます。しかし「家族の者のいずれかの同意」ということは、入院に同意をした家族とは別の家族が退院請求を出せる、ということでもあります。

そのため今後は、本人に関する考え方が一つにまとまっていないような家族は、医療機関の協力がますます得にくくなるでしょう。なぜなら、本人は自分の要求に応じてくれる人を見抜く力に長《た》けています。快復や自立に向けて周囲がいくら頑張っても、家族の中に一人でも本人の要求に屈し、それこそ退院を求めてしまう人物がいれば、なし崩し的にすべてが元に戻ってしまいます。

だからこそ、あらかじめ家族が見解を一致させておくことが、非常に重要になってきます。私が業務を請け負う際には、家族の意見を一致させることからはじめるくらいです。そして一番動ける人物が、法的にも責任者（医療保護入院の同意権者）となって周囲に協力を仰ぎ、本人を支えていけるようにサポートしてきました。しかし今回の法改正で、そのための法的な根拠がなくなってしまったわけです。

表向きは家族の負担が軽減されたように見えても、「家族の責任において」患者を医療につなげることへのハードルは、むしろ上がったと私は考えています。そして、そこからこぼれ落ちる問題の数々は、結局のところ、家族に押しつけられているのです。

入院できても三ヶ月……無視される家族の思い

法改正による変化は、それだけではありません。患者の入院期間も圧倒的に短縮され、現在では「入院＝長くても三ヶ月」が徹底化されています。たとえば私が移送を請け負ったケースでも、家族が医療機関に入院の相談に行った時点で、「入院期間は三ヶ月です」と断言されることがほとんどです。患者の診察もしないうちから入院期間が決められることについては、不思議としか言いようがありませんが、家族が不安や不満を口にしようものなら、受け入れを断られる勢いです。そして実際には、三ヶ月どころか一ヶ月も経《た》たないうちに、退院を促されている家族もいます。

たしかに日本は、諸外国に比べて平均入院日数が長いと言われています。これまでにも早期退院を推し進めるべく、診療点数によるしめつけや制度の構築などが行われてきました。二〇〇九年以降は、新規入院患者の八十八％は一年未満（その六割以上が三ヶ月未満）に退院しています。それでもなお、二十万人を超える一年以上の長期入院患者がいます。

もちろん私も、やみくもに早期退院に反対するわけではありません。社会的入院（本来の治療目的で病院に留まるのではなく、治療の必要なく長期入院を続ける状態、または、その状態の患者）を減らす取り組みは重要なことですし、社会生活を送ることのできる患者が長期入院を余儀なくされるような事態は、あってはならないことです。

ただ、患者の病状やこれまでの経緯、家族との関係や今後の生活環境など、そういった事情に対する配慮が一切ないままに、猫も杓子《しゃくし》も三ヶ月で退院という現状には、大いなる疑問と憤《いきどお》りを感じます。

特に私が携わってきた患者の場合、多くが未治療のまま長期間放置されており、重《じゅう》篤《とく》な症状を呈していました。家族との関係や生活環境も崩壊しており、今後についても慎重な対応が求められることは明白です。退院というステップまでには、治療によって症状を落ち着かせるだけでなく、本人が病識を持ち、服薬の習慣をつけることも大切なことです。また、作業療法や院内行事を通じて職員や他の患者とコミュニケーションを取るなど、いわゆる社会性を身につける訓練をどこまで行えるかも重要になってくるでしょう。

本人が入院している間に、家族の側にも、決めるべきことやすべきことがたくさんあります。退院後は自宅で受け入れるのか、それとも施設などに入所するのか。定期的な通院や訪問看護、デイケアの利用はどうするのか、といったことを決めなければなりませんし、本人の状態によっては、障害年金の受給や成年後見制度を利用するための手続きも必要です。退院後の精神障害者保健福祉手帳の申請や自立支援医療制度利用の手続きについても、検討しておくべきでしょう。

患者も家族も、将来を見越したうえで態勢を整えることをしなければ、退院後、あっという間に元の生活に戻ってしまい、再発につながる可能性が高くなります。医療機関の都合やペースに合わせて患者を退院させ、再び家族で抱え込んだ結果、何度も入退院を繰り返しているケースは、今までにたくさん見てきました。

私の経験から、特に未治療の期間が長かった患者については、三ヶ月という入院期間は非常に短く感じられます。しかし現実には、「入院＝長くても三ヶ月」という暗黙の了解のもと、早期退院が推し進められています。ここで一例を挙げて、その実態をお伝えしたいと思います。

Aさんは、四十代の男性です。十年以上前に統合失調症を発症し入院歴もありますが、退院後は自宅にこもり、通院も服薬もほとんどしないまま、長年過ごしてきました。家族とは一切口をきかず、不規則な生活が続いています。病状が悪化していることは間違いなく、限界を感じたAさんの姉（B子さんとします）が、私のところに移送の依頼にきました。

移送当日にAさんに会ってみると、会話は成り立たず、妄想をみているのか空笑《くうしょう》を浮かべるなどの言動もありました。不規則な生活をしているため、見た目は老人のようにやせ細っており、命の危険すら感じるほどです。説得に時間はかかりましたが、Aさんは最終的に入院を承諾し、医療につなげることができました。もちろん医療機関からは、「三ヶ月で退院してもらいます」と、釘《くぎ》をさされての入院です。

ところが入院して一ヶ月も経った頃、B子さんが医療機関から呼び出され、「そろそろ退院を……」と言われました。三ヶ月で退院とは聞いていましたが、あまりの早さにB子さんは大慌《おおあわ》てです。私とB子さんで本人の面会に赴いたところ、たしかにAさんは入院前に比べて身ぎれいにはなっていましたが、病識はなく、自分がなぜ入院したのかも理解していません。幻聴や妄想もあり、自宅にいたときと同じように毎日を無為に過ごしています。

私は、この段階での退院は早すぎるとB子さんにアドバイスしました。Aさんに症状への理解を促し、服薬の必要性を説く機会も必要ですし、作業療法に参加しているときの様子やお小遣いの使い方などを確認したうえで、今後の生活環境を整えていかなければなりません。私はB子さんと一緒に医療機関に交渉し、何とか入院を継続してもらえることになりました。

しかしその後も、担当のソーシャルワーカーからは「退院」という矢のような催促です。実は、Aさんの両親は病に倒れており、B子さんが一人で看病と介護をしています。B子さんはこの状態でAさんの退院後の面倒までみることはできないと判断し、グループホームなどの施設を探す予定でした。そのためには、B子さんがAさんの保護者となり動けるよう、法的な手続きも進めなければなりません。B子さんは自分の仕事の合間を縫って、家族の看病と介護、Aさんの面会、施設探しや手続き等に奔走しましたが、ことはそうスムースには進みません。それにもかかわらず、もうすぐ入院三ヶ月を迎えるというある日、とうとう「○月△日には退院してもらいます」と、一方的に通告をされてしまいました。

私もB子さんに同行し、交渉などを手伝ってきましたが、ソーシャルワーカーの事務的な対応は変わりませんでした。それでいて私が核心を突くようなことを尋ねると、「主治医の判断ですから」のひと言で逃げてしまいます。○月△日を過ぎると診療点数が下がり、病院の儲《もう》けがなくなるのでしょう。それにしてもこのソーシャルワーカーの対応は、まるでノルマに応じて物でも売っているようなぞんざいさです。

事実、このソーシャルワーカーには、期日までに患者を退院させなければならないというノルマがあったのかもしれません。ちなみに精神科医療機関におけるソーシャルワーカーは、社会福祉士や精神保健福祉士など有資格者であることが多く、かつてはケースワーカーとも呼ばれていました。法改正による早期退院・地域移行においては、精神保健福祉士が担《にな》う役割も大きくなり、二〇一四年度の診療報酬改定では、早期退院を目的とした精神保健福祉士の病棟配置や、チーム医療による院内標準診療計画等が、診療報酬点数として加算される仕組みに変わっています。

こうなると、医療機関や精神保健福祉士にとって、早期退院は死活問題なのかもしれません。しかし、B子さんのおかれている状況を鑑《かんが》みたときには、多少の融通を利《き》かせる鷹揚《おうよう》さがあってしかるべきでしょう。それは医療機関の職員という以前に、人としての「思いやり」の話です。病人を支え、限界まで頑張っている家族の気持ちすら慮《おもんぱか》れない人間が、精神科医療に従事しているという事実に、私は、怒りを通り越して悲しみすら覚えました。

この理不尽な対応について、相談できる第三者機関（医師や弁護士に対する苦情相談センターや市民窓口のような機関）がないものかと思い、厚労省に問い合わせをしてみたところ、「病院もしくは地域の精神保健福祉士協会に相談してください」と言うだけで、今後も相談窓口の設置予定はないとのことでした。

精神保健福祉士は、医療機関と患者、家族とのパイプ役であるだけでなく、患者の退院にも深く関わっています。患者を地域社会で受け入れるという体制になったからこそ、患者の将来を担うことにもなり、その使命は重いはずです。まだ歴史の浅い資格ではありますが、地位向上を図ると同時に、家族からの相談や苦情にも真摯《しんし》に耳を傾ける機会をぜひ、作っていただきたいと思います。

家族の都合ばかり押しつけるのはよくありませんが、家族も治療者の一人です。特に昨今は、家庭内で患者以外にも病人を抱えている家族も珍しくありません。家族が介護や看病疲れで倒れてしまわないよう、配慮を忘れないでほしいと切に願います。

儲からないから受け入れない

ここで、医療機関の経営事情について、少し説明をしておきたいと思います。

現在、病状に関係なく最長三ヶ月という短期間で退院と言われてしまう背景には、最初の三ヶ月を過ぎると診療報酬点数が下がる、という診療報酬の仕組みが挙げられます。同じ医療行為であっても、三ヶ月を過ぎると病院の収入は減ってしまうのです。利益をあげるためには、ベッドの回転率をよくするしかありません。そのため多くの医療機関が、入院の時点から「三ヶ月」を目安と決めるようになりました。

さらに退院を促進するために、入院してある程度の期間が過ぎると、ソーシャルワーカーから「本人のためにも、そろそろ退院を考えてみてはどうか。まずは外泊をさせたい」と言い渡されます。家族は、ただ驚くばかりです。なぜなら、家族が本人と面会している限りでは、「薬を飲む必要はない」と言い張るなど本人に病気の自覚はなく、妄想をはじめとする症状も、入院前と変わっていないと感じるからです。このまま退院となれば、通院も服薬もせず、すぐに元通りになることは目に見えています。

家族は入院継続の相談をしますが、「もう症状は落ち着いている」「これ以上、入院治療でできることはない」と突っぱねられてしまいます。本人に病識がなく、服薬の習慣もついていないことを訴えると、「訪問看護と注射で対応できるから」と返され、なかば強引に退院させられてしまうこともあるようです。そうは言っても、訪問看護当日に本人が拒否したり、いなくなったりしてしまえば、治療の継続はできません。最近は、こういった相談の前面にソーシャルワーカーが立ち、「主治医の見解を聞きたい」と言っても、それすら断られてしまうこともあります。

入院治療を継続する方法としては、転院もありますが、転院には紹介状や主治医の診療情報提供書が必要となります。相応の理由がない限り、入院継続での転院に応じる医師はいませんので、現実的な方法とは言えないでしょう。

こういったことから、本人の状態により長期入院を考えるのであれば、入院時の病院選びが最も重要であると言えます。場合によっては差額ベッド代を負担することで、三ヶ月以上の入院を検討してくれる医療機関もあります。ただし差額ベッド代は、医療機関によって異なりますが、だいたい一日に千円くらいから、高いところでは三万円もするところもありますので、家族の負担は決して軽くありません。

家族は、病識のない本人をやっとの思いで医療につなげることができたからこそ、

「病気が治るまで治療してもらいたい」「せめて服薬の習慣がつくまでは」と考えるわけですが、医療機関の事情は、家族の思いとは大きくかけ離れています。

近年は、社会的にもノーマライゼーションが唱えられ、社会的入院をなくそうと声高に叫ばれてきました。かつての精神科医療では、入院したきり亡《な》くなるまで、何十年も継続入院してきた患者がいたことも事実です。しかし今や鉄格子《てつごうし》のあるような病院はなくなり、開業医も増えています。かつてのような不当な長期入院が多発するとは考えにくいことです。むしろ病状に関係なく一律で「三ヶ月」と区切られていることに、治療とはいったい何なのかと疑問を投げかけたくなります。

特にこの法改正後は、一年以上の入院が難しい仕組みになり、治療にある程度の期間を要すると思われる患者でさえも、長期入院は困難なものとなりました。薬物やアルコール依存など物質使用障害や、パーソナリティ障害に関しては、なおさらです。なぜなら、物質使用障害やパーソナリティ障害の治療には、精神療法や認知行動療法、弁証法的行動療法を含む継続的な治療が有効とされており、力量のある医師や職員と、時間が必要です。しかし、診断名やその治療法に合わせて細かく診療報酬が決まっているわけではないため、患者を第一に考えて治療を行っても、経営の面ではまったく利益にならないのです。

ちなみに、第一章のドキュメントでは、私が携わっている患者について書きました。彼らは今日まで、継続的な入院治療を続けてきています。私やスタッフは定期的に彼らに面会をしていますが、健全な社会生活が営めるとはとうてい思えません。たとえばある男性患者は、月に一度は私に電話をかけてきて、このようなことを言います。

「この間のストーカー事件で、女性を殺したのは僕なんで、押川さんに話さないといけないことがあります」

「○○さんと△△さん（弊社の女性スタッフ）は、死んだ方がいいんじゃないんですかね」

「○○と△△を殺してやる……殺すぞ‼」

すべては彼の妄想からくる発言なのですが、多いときには留守電に五十件もメッセージが吹き込まれています。

また別の男性患者は、実家の留守電や両親宛《あて》の手紙に、執拗《しつよう》なまでに「こうなったのはお前たちのせいだ、殺してやる」というメッセージを残しています。そして院内では気に入らないことがあると暴れて物を壊したり、他の患者と諍《いさか》いを起こして暴力を振るい、怪我《けが》を負わせたりしています。

今現在もそのような状態の彼らですが、今回の法改正以降、いよいよ医療機関から退院を促されるようになりました。妄想がもとで過去に事件を起こしており、今なおその症状が改善されていないにもかかわらず、「その症状はもう固定してしまっているので、治療のしようがありません」「妄想があるからと言って、必ずそれを実行するとは限りません」と言われる始末です。これが身体《からだ》の病気だったら、同じことが言えるでしょうか。

これは私の経験上から言えることですが、このような医療体制を敷き、「三ヶ月で退院」を積極的に推進している医療機関は、外観も美しく整備され、院内のサービスも充実していることが見て取れます。中には、融資を受けて施設やサービスを充実させ、その返済のために、早期退院でベッドの回転率を上げ、経営の効率化を図っている医療機関もあると聞きます。反対に、採算を度外視して根気よく治療に取り組んでいる医療機関ほど、施設も設備も古いままです。これは、なんとも皮肉な現実です。

行き場のない患者たち

話が脇《わき》にそれましたが、前述したAさんとB子さんの一家のように、退院後の患者を自宅で受け入れることができないケースは、昔に比べて増えています。核家族化により、そもそも人的資源が不足しているということもあります。また近年多いのは、両親の死亡や病気により、患者の保護責任者となれるのが他の子供（本人の兄弟姉妹）しかいないケースです。この場合、兄弟姉妹は本人とは幼少期から不仲で、早くに実家を出ているパターンが多く、今さら本人を引き取って面倒をみることなど、とてもできないと言います。親族が助けあって暮らしていた時代ならまだしも、現代では仕方のない現象でもあります。

しかし何度も繰り返し述べてきたように、国の流れは、患者を早期に退院させ、地域や社会で受け入れる方向に移行しています。厚労省はすでに、医療機関の病床数を適正化したあとで、空いた建物設備をどう有効活用するか、というところまで踏み込み、方策を講じはじめています（「長期入院精神障害者の地域移行に向けた具体的方策の今後の方向性」厚労省発表）。

この中では、入院医療の必要性が低い患者が利用している病床と、入院医療が必要な患者（救急・急性期・回復期の精神障害者及び、重度かつ慢性の症状を有する精神障害者）が利用している病床を分けて考えることが必要であると提言されていますが、二〇一五年四月の時点で、「重度かつ慢性」の定義は検討中とされています。その発表を待つところではありますが、私が主張してきた「グレーゾーン」の患者こそ、まさに「重度かつ慢性」に該当するのではないでしょうか。

さて、厚労省が打ち出しているように、こういった行き場のない患者を、地域や社会で受け入れるための体制は整っているのでしょうか。

まず今回の法改正においては、保護者の負担を減らす一方で、精神科病院の管理者に対して、患者の退院後の生活環境に関する相談や、情報提供、地域援助事業者との連携、退院促進のための体制整備などを義務付けています。

しかし、退院後の受け入れ先であるグループホームやケアホームなど居住系サービスについては、二〇〇六年の障害者自立支援法の施行に伴い増加してはいるものの、十分に足りているとは言いがたいのが現状です。特に精神障害者に特化したグループホームは、数が少ないだけでなく、退所期限が設けられていないためになかなか退所者が出ず、多くの患者が空きを待っています。

さらにここで問題となってくるのは、医療機関の専門の職員でさえ対応に困り、早期退院を促されてしまうような、いわゆる対応困難な患者たちが、それらの施設や地域にスムースに受け入れられるのか、ということです。

私はAさんのケースをきっかけに、いくつかのグループホームに取材を申し込み、その実情を教えてもらいました。全国にあるすべてのグループホームがそうであると断言はできませんが、だいたいの実態はお分かりいただけるのではないかと思います。

まず、あるグループホームの職員は、「知的障害者や身体障害者を受け入れるグループホームはあっても、精神障害者に理解のある施設は少ないため、入所先はほとんどない」と断言していました。その理由は、はっきりと教えてはもらえませんでしたが、私が繰り返し述べてきたように、この問題に、危険で対応困難な要素が含まれるから、ということに尽きます。

グループホームと言えば共同生活が原則となりますから、人間関係が構築できず対人トラブルが尽きないような患者や、寝煙草《ねたばこ》をするなど施設のルールが守れない患者、脱走や失踪《しっそう》の恐れがある患者は、最初から受け入れを拒否されてしまいます。患者のトラブルや失踪、火災防止等に対応ができるのは、二十四時間三百六十五日体制で運営をしている施設に限られるからです。

私が設立した「本気塾」でも、同じような悩みがありました。グループホームや自立支援施設の多くは、地域に根ざすという意味からも、一軒家やアパートを利用して運営が行われています。医療機関のように高い塀で囲われているわけでもなく、当然ですが、患者を隔離できる保護室などもありません。私も、塾生同士のトラブルや失踪、火災等防犯への対応策には、常に心を砕いていました。

一番は対象者との信頼関係をいかにして築くか、というところにありますが、二十四時間三百六十五日体制で見守ることはもちろん、なるべく塾生を一人にせず、異変を見逃さないための細やかな気配りが求められます。また、職場や学校への送り迎え、夜間の見回り、包丁やはさみなど刃物類の管理など、危機管理にも対策を練らなければなりません。未成年や依存症の塾生もいるため、喫煙や飲酒の禁止、テレビや音楽・ゲーム類の制限、金銭の管理等、生活上でもルールを決めます。問題を抱える者同士の共同生活ゆえに、ルールは厳格になりがちですが、厳しい一辺倒では反発を招くことにもなり、そのさじ加減は非常に難しいものです。そしてどんなに注意を払っていても、トラブルや脱走・失踪を完全に防げるわけではありません。

そのためスタッフには、トラブル時の迅速な対処はもちろん、対象者を説得して、治療や自立の必要性を理解させられるだけの能力が求められます。学問で学んだ専門知識があることと、こういった危機管理能力、対人能力とはイコールではありません。対応困難な対象者ほどハードルは高くなりますから、受け入れを拒否されるのも仕方のないことではあります。

さらに別のグループホームの取材では、より切実な訴えを聞きました。二十四時間三百六十五日体制のこのグループホームでは、精神障害者の受け入れも積極的に行っています。家族から依頼を受けることもあれば、保健所や医療機関から患者を紹介されることもあるそうです。

ところが最近は、これら専門機関から、措置入院後、二週間ほどしか経っていないような急性期の患者を受け入れてほしいと要請されるようになったそうです。当然患者は興奮が収まっているとは言えず、幻覚や妄想などの症状を呈していることもあります。

あるとき、そのような状態で入所をした患者が、すぐにささいなことをきっかけに暴れ出しました。職員だけでは収めきれず、110番通報で警察官を呼びましたが、本人が大人しくなったために再入院には至りませんでした。しかし、本人はその日のうちに脱走して自宅に戻り、家族を殺してしまったと言うのです。

そもそもそんな危険性のある患者は、グループホームでの受け入れを拒否すべきだ、と思われる方もいるでしょう。しかしこういったグループホームの多くは許認可事業であり、地域に根ざして運営をしています。経営面からも、市区町村の担当部署や、地元の医療機関や医師、ソーシャルワーカーなど職員の要請には、絶対に逆らえないのです。こうして多くのグループホーム運営者が、共同生活をしても問題を起こさないような大人しい患者の入居を望み、関係者に頭を下げてまわっていると言います。

たしかに、私がこれまでに携わってきた患者に限って言えば、施設にも受け入れてもらえず、あるいは受け入れてもらえてもトラブルを起こすなどして、数日で退所を命じられています。彼らは金銭面も含めて家族に依存しているため、自分で勝手に施設を退所し、自宅に戻ってしまう例もあります。

家族と鉢合わせて刃傷沙汰《にんじょうざた》になることもあれば、家族が受け入れたものの適切な対応やケアができず、状態が悪化して再入院となるか、最悪の場合、事件や事故を起こすこともあります。やがて家族は、気力、体力、経済力を使い果たし、追いつめられたあげくに「この子さえ死んでくれたら」と願うようになるのです。

このような出来事は、極端な例ではありません。これまで長期入院により防げていたような事件も、今回の法改正を機に、噴火のごとく吹き出すだろうと私は予測しています。いえ、予測という言葉も正しくはなく、その片鱗《へんりん》はすでに火の粉となって、家族に降り注いでいます。

ちなみに欧米では一九七〇年代から脱施設化がはじまりましたが、これを明らかな失敗であったと指摘する精神科医も、少なくありません。財政削減を目的として、受け皿の整備なしに精神科病床を削減したことが、地域の混乱を招き、結果として大量のホームレスと囚人を生み出したと言うのです。

厚労省が打ち出した「入院医療中心から地域生活中心へ」という方針は、病識があり、服薬も進んで行える患者にとっては、理想的で手厚い医療体制であると言えます。しかし受け皿のない「グレーゾーン」の患者にとっては、なすすべもないままに地域や社会に放り出されることと同じです。そしてその後の対応については、すべてが警察に委《ゆだ》ねられていることは、すでに述べたとおりです。

家族から見放されたらどうなるか？ 大衆化する事件

今回の法改正により、「本人に事件や事故を起こさせるわけにはいかない」と命がけで対応してきた家族ほど、ますます保健所や精神保健福祉センター、医療機関からは敬遠され、協力が得られない形になってしまいました。そこで私が最も懸念《けねん》しているのは、家族が「保護者の義務もなくなったのだから、もう関係ない」とすべてを投げ出してしまうことです。

同時に保健所や医療機関も、相談に来た家族に対して「保護者の義務はないのだから」と言えてしまう側面があります。私はすでに、某行政機関の担当部署の方が「国が地域での生活に移行せよと言っているのだから、他害行為があるような案件は警察が対応すべきであり、医療で扱う案件ではない」と断言するのを耳にしました。

当該の専門機関から見放され、家族からも対応を放棄された患者たちは、いったいどうなるのでしょうか。いたずらに恐怖をあおるつもりはありませんが、中には事件や事故に直結するケースがあることも、事実です。

家族が本人への対応を諦《あきら》めて投げ出してしまえば、本人の言動の矛先が、いずれ近隣住民や第三者に向かうことにもなりかねません。本人が事件や事故を起こし、怪我人や死者が出てしまったとき、親や家族は「責任がない」「関係がない」と言えるでしょうか。

一例ですが、認知症の男性が列車にはねられて死亡した事故では、二〇一四年四月に、男性の遺族に遅延損害などの賠償を求める二審判決が出ています。判決理由として、婚姻関係上の法的義務や、精神保健福祉法で定められていた保護者制度が引用されています。法改正で保護者制度が廃止されたことが、今後、判例にどのような影響をおよぼすのかは注視していかなければなりませんが、少なくとも現時点では、民事裁判において保護者の監督責任を問われる可能性は、十分にあると言えます。

最近では、近隣住民同士のトラブルによる相談も急増しています。隣人から、「自分の悪口を言っているだろう」「盗聴器を仕掛けただろう」といわれなき疑いをかけられて対応を迫られたり、マンションに住む住民が、部屋をゴミ屋敷化したり、共有物を壊したり、他の住民に暴言を吐いたりする、という相談です。隣人の言動などから、幻覚や妄想といった症状が出ていることがみてとれ、精神疾患の疑いを持ちますが、本人にはもちろん病識がありません。本人が一人暮らしか、あるいは同居をしている家族がいても精神疾患に対する理解が乏しく、隣人が医療につなげるよう進言したところ、かえって恨みをかってしまったという話も耳にします。

本来であれば、こういったケースに介入ができるのは、保健所や精神保健福祉センターです。住民から相談を受けたこれら専門機関は、保健師から本人の家族に受診勧奨するなどの手段を講じることができます。ところが、実際に具体的な動きをとってもらえたという話は、耳にしたことがありません。

ちなみに精神保健福祉法第二十二条には、「精神障害者又はその疑いのある者を知った者は、誰でも、その者について指定医の診察及び必要な保護を都道府県知事に申請することができる」という、第三者が申請する制度もあります。いわゆる「一般申請」と呼ばれる制度で、このような隣人同士のトラブルのためにある制度と言っても過言ではありません。

しかし、その申請のためには、「申請者の住所、氏名及び生年月日、本人の現在場所、居住地、氏名、性別及び生年月日、症状の概要、現に本人の保護の任に当たっている者があるときはその者の住所及び氏名を記入した書類を提出しなければならない」という規定があります。

調査等の結果、緊急介入が必要となれば、措置入院手続きの流れとなるため、むやみに申請されてはいけないという人権の問題もあります。とはいえ、特に現代は、個人情報保護法等により第三者が本人（隣人等）の情報を得ることは難しく、提出書類を作成すること自体が、非常にハードルの高いものとなっています。この点について厚労省に問い合わせたところ、「細かい情報は必要ありません」との回答を得ましたが、各自治体の対応はどうでしょうか。

私が以前、近隣住民の方からの相談を受けて、この一般申請を行おうと、エビデンス（証拠）を用意し、相談者とともに保健所を訪れたときのことです。「一般申請の申請書をください」と言っても、対応した職員は、「申請書を提出するだけで大変だから、二、三ヶ月はかかりますよ」と言葉を濁し、「警察に相談したほうがいい」の一点張りです。取材も兼ねていろいろと質問をしてみると、職員の方は「私の経験上、一般申請を受け付けたことは一度もない」と漏らしていました。

おそらく類似の相談が多数来ているのだろうと思い、水を向けてみると、職員の方は黙り込んでしまいました。申請受理のハードルを下げたときには、対応しきれなくなると考えているのでしょう。質問を変えて「対応する職員の数も足りないですよね」と尋ねると、「はい」という返答がありました。

保健所が「警察に相談を」と促していることから分かるように、警察署にも、近隣住民とのトラブルに関する相談が殺到しています。私は以前、都内の某警察署の警察官の方に、この件に関して話を聞く機会がありました。その所轄《しょかつ》では、市民からの相談を受け、場合によっては近隣住民の話を聞きに行って記録をとり、保健所に連絡する……という対応に、三人の担当者をつけていると言います。それでも手が足りないほどの相談や通報が、連日寄せられているそうです。

精神疾患に起因する近隣住民とのトラブルは今や、警察署にも保健所にも、対応しきれないほどの相談が舞い込んでいることは明らかです。速やかに医療につなげるために一般申請という法律があるわけですが、現実的にはまったく機能していません。一方で厚労省に問い合わせれば、さも適切に運用されているような回答が返ってくるわけです。ここにも、制度を作る側と実際に運用する現場における、大きな乖離《かいり》を感じます。

第五章　日本の精神保健分野のこれから

もう海外にいくしかない？

最近、私が受けた相談において、日本の現状を現していると感じた例があります。

相談に来られた両親は、長年、息子の暴力や暴言に悩まされていました。息子には幼少期から、親が受け止めきれないほどの問題行動が多くみられ、それは成長とともに激しくなりました。精神疾患の症状を呈していたことから、精神科病院への入院歴もありますが、院内でトラブルを起こし、なかば強制的に退院させられては、また入院することの繰り返しでした。専門の施設に入所させても即退所、一人暮らしをさせれば近隣住民に迷惑行為を行うため、家族は限界を感じていました。

両親は、息子が家族か第三者を傷つけることは時間の問題だろうと考え、事件を未然に防ぐためには医療につなげるしかないと頑張っておられましたが、どの医療機関からも受け入れを拒否され、挙げ句の果てには元の主治医から「日本国内で受け入れてくれる医療機関はないと思う」と断言されたと言います。

私にとっても、非常にハードルの高い難しいケースであると感じられました。請け負うにしても長期的な視野で対策を練らなければならず、金額もかかるだろうことを伝えると、両親は黙り込み、しばらくして父親が口を開きました。

「外国（アジア圏の某国）で、受け入れてくれる病院を探してみようと思います」

実は父親は、仕事の関係で某国をたびたび訪れており、その国の精神科医療について調べたこともあるそうです。近々、その国に赴任する予定があるので、いっそ息子も連れて行き、そちらで入院させようと言うのです。

「あちらはまだまだ日本より遅れています。病院という名の強制収容所ですからね……」

某国の事情も含めて、父親の言ったことが事実かどうかは、私にも分かりません。しかし、この家族の決断には、さすがの私も驚愕《きょうがく》し、絶句するしかありませんでした。

一方で、家庭内暴力に悩む親が子供を殺害してしまう事件は、これまでに何度も繰り返されてきました。二〇一四年六月にも、息子の家庭内暴力に悩んだ父親が、自らの手で息子を殺害するという事件が起きたばかりです。この息子には精神科への通院歴があり、父親は家庭内暴力の件で110番通報をした際に、「入院治療が受けられないか」という相談もしています。しかし、警察が来たことによって本人が大人しくなり、措置入院には至りませんでした。その数時間後、父親が息子を刺殺してしまったのです。

私には、暴力を振るう子供が憎いという思いよりも、「このままでは第三者を傷つけるかもしれない」「他の子供たちを守らなければ」という、親の悲痛なまでの思いが感じられます。だからと言って子供の命を奪っていいはずもなく、胸が痛くなると同時に、もっとできることがあったはずだと悔やまれてなりません。

毎度のことではありますが、こういった事件が起きるたびに、「警察に相談していたのになぜ、何もできなかったのだ」などと、警察の対応が引き合いに出されます。一方で行政の相談機関である保健所や精神保健福祉センター、医療機関の対応については、ほとんど触れられることがありません。マスコミを含め一般の方々に、日本の精神保健の現実が伝わっていない証拠であり、それこそが、このような問題がなくならない一因ではないかと、私はいつも思います。

それでは、この国にできることは、もう何もないのでしょうか。

実際には、数は少ないですが、対応の難しい患者の治療にも取り組み、本当の意味で患者や家族を見守っている医療機関もあります。そういった医療機関や関係者の方々の心ある対応には、非常に頭が下がる思いです。しかし法改正後は、そのような志の高い医療機関でさえ、ある程度の時間をかけて治療に取り組むことが難しくなっています。

また、そういった医療機関ほど、経営難に陥るのが現状の精神科医療のシステムです。「自分から治療を受けに来る」「薬が効く」という、治療効果のある患者ばかりを診る医療機関と、「グレーゾーン」の難問に取り組む医療機関とでは、行うべき治療や、それに要する期間が異なるはずです。にもかかわらず現行のシステムでは、仕組みも報酬も画一化されてしまっているのです。これは再考すべき点ではないでしょうか。

患者の未来を家族が支えるにしても、グループホームや自立支援施設など第三者が支えるにしても、まずは健全な生活を取り戻すことです。それができるのは、やはり精神科医療でしかないと私は思っています。薬で症状を抑えるだけでなく、本人が病識を持ち服薬の習慣がつくまで見守ることや、社会性を身につける訓練を行うなどして、多少なりとも他者と共存できるよう導くことは、医療の範疇《はんちゅう》でできることのはずです。特にパーソナリティ障害の患者に関しては、より専門に特化した医療体制が求められていることは間違いありません。

それに私が携わってきたケースで言えば、ほとんどの患者が、入院前は不規則な生活やひきこもりにより、太りすぎ（痩《や》せすぎ）、ひどい虫歯、内臓疾患など、健康に問題を抱えています。アルコールの大量摂取による合併症や糖尿病による足の壊疽《えそ》を放置している例もありました。その多くは、入院治療によって徐々に改善し、数ヶ月もすると見違えるように健康になっていきます。もちろん、それによって心の問題まで改善されるというわけではありませんが、本人の生命・身体を守るという意味でも、やはり入院治療という選択しかなかったと思うケースばかりです。

おろそかにされてきた犯罪精神医学への取り組み

犯罪精神医学や司法精神医学といった学問があるとおり、グレーゾーンの問題を語るうえでは、精神障害と犯罪は切っても切れない関係です。しかしながら日本では、一九七一年、日本精神神経学会総会において、保安処分（社会に危険な行為をする恐れのある者に対して、別に処分を補充したり、犯罪原因を取り除く治療・改善を内容とした処分を与えること）制度新設に対する反対決議が圧倒的多数で採択されて以降、精神保健の司法離れともいえる事態が続いてきました。

余談になりますが、一九八〇年代には厚生科学研究班により、「処遇困難者専門病棟」設立に向けて、実態調査が進められていました。その結果、「対応困難な症例や長期化した症例に対しては専門病院の設立を検討すべき」という研究内容が発表されましたが、のちに研究に用いられたアンケート調査が人権侵害であることが指摘され、研究自体が頓挫《とんざ》しています。

そのような状況の中、二〇〇一年に起きた大阪教育大附属池田小学校での児童殺傷事件を契機に、医療観察法が成立しました。適切な処遇を決定するための審判手続が設けられたほか、入院決定（医療を受けさせるために入院をさせる旨《むね》の決定）を受けた人については、厚生労働大臣が指定した指定入院医療機関による専門的な医療が提供され、保護観察所が退院後の生活環境の調整を行います。指定入院医療機関は現在も増床や新設が続いており、実際に医療観察法に基づく治療に携わったことのある医師は、退院後の地域のサポートも含めて、非常に手厚い医療体制であると言います。

しかし、パーソナリティ障害や物質使用障害に関しては、事件や事故を起こしたときには、「刑事責任能力あり」とされる場合がほとんどで、医療観察法にのるケースはごく稀《まれ》です。ゆえに法務省では、そういった受刑者の再犯を防ぎ、社会復帰を促そうと独自の取り組みをはじめています。たとえば二〇〇七年には、「刑事収容施設及び被収容者等の処遇に関する法律」（刑事収容施設法）が施行され、服役中の薬物事犯受刑者に対する依存症の治療や、性犯罪者の認知行動療法に基づく処遇、釈放後の再犯防止対策などが開始されています。これ以外にも、服役中の職業訓練の充実、心を育《はぐく》むプログラム、資格取得や採用面接を受けられるよう配慮するなど、さまざまな取り組みに着手しています。

とはいえ、特に家庭内における軽微な犯罪であれば不起訴になることもありますし、あるいは違法薬物の所持・使用の場合も、初犯であれば執行猶予《ゆうよ》がつくことがほとんどです。それらのケースにおいて、社会に戻ってきたあとの治療や更生に関しては、なんら強制力のある制度はなく、あくまでも本人の意思に委《ゆだ》ねられています。

つまりは、本人の精神状態が不安定で、家族や第三者が「事件や事故を起こしかねない」と危険性を察知しても、精神科医療につなげることが難しいという現状がある一方で、殺人など重大な他害行為を行ったあとであれば、手厚い医療を受けることができるのです。

専門家の中には、「事件や事故を未然に防ぐために精神科医療につなげることは、保安処分と同様である」と言う方もいます。私も、危険な人物は誰でも精神科病院に閉じ込めるべきだ、などと言いたいわけではありません。しかし、対象者が明らかに精神疾患の症状を呈しているような場合には、家族や第三者からの相談を真摯《しんし》に受け止め、速やかに医療につなげられる仕組みができてしかるべきではないでしょうか。それが、対象者を犯罪者にしないという意味で、人権を守ることにもつながると考えています。

それと並んで、こういった問題に対応できる専門家の育成も図られるべきでしょう。日本では、犯罪精神医学や司法精神医学に対して研究をメインに取り組んでいる医師はいても、現場で実際に治療に取り組む医師の数はごく少数です。

そもそも医学部では、精神科に関して九十分の講義が十数回程度、行われているに過ぎず、実習も二週間程度しかないと聞きます。パーソナリティ障害や物質使用障害に限らず、薬物療法では改善がみられないような難しい患者への対応などを学ぶ余地はなく、私の知っている若い精神科医は、「学問での知識と現場の実態の乖離《かいり》は、あまりにも大きい」と漏らしていました。医師だけでなく看護師やソーシャルワーカーにとっても、対応の難しい患者に対する看護やコミュニケーション技術、さらには危機管理や危険予測について、十分に学ぶ機会があるとは言えません。

薬物など物質使用障害を専門とするある精神科医は、治療者に、患者に対する陰性感情、忌避感情があることを指摘し、誠意をもって関わることが回復の端緒となると述べています。私は、この治療者側の陰性感情、忌避感情が今や、対応の難しい患者のみならず、精神障害者全般に対して、もたれているように感じることがあります。

たとえば、最近、私が対応したケースで、こんな例がありました。家族から受けた依頼は、統合失調症の陰性症状が長年続いている患者の入院説得です。ちなみに統合失調症には、陽性と陰性の二つのタイプがあり、陽性症状には、幻覚、妄想、洞察力の欠如や支離滅裂な言語等思考の障害、激しい興奮などが挙げられます。反対に陰性症状とは、感情の鈍麻、興味の喪失、ひきこもり、意欲の低下、身だしなみや衛生面にかまわない、食事に無関心などがあります。

この患者は陰性症状が主で、暴れたり大声をあげたりといったことはありません。私が会ったときにも、病識がなく入院を渋る様子はありましたが、こちらが身の危険を感じるような態度は一切、ありませんでした。家族はずいぶん前から、本人を医療につなげようと専門機関に相談に行っており、地域活動支援センターの担当者も関与していました。本人の状態から見ても、もっと早く医療につながっていておかしくない事例です。それが叶《かな》わなかったのはなぜか。ひとえに、本人に直接会って、「入院が必要ですよ」と説得できる人物がいなかったからです。このように、統合失調症の陰性症状を呈しているような患者（私からすれば、対応するのに危険性を感じない患者）ですら、専門家は直接のコミュニケーションを渋り、医療につなげることを躊躇《ちゅうちょ》しています。

精神障害と犯罪の関わりは切り離せないものであると述べましたが、危険な要素をもつ患者は、全体のごく一部です。ところが、犯罪精神医学や司法精神医学への取り組みがおろそかにされ、危機管理や危険予測を学ぶ機会も与えられないまま、現場に出る専門家が増えたことで、一般の精神障害者に対してまで、「こわい」「危ない」「近寄りたくない」といった偏見が見え隠れするようになりました。

だからこそ、これらの問題に対応できる専門家の育成が待たれますし、専門の医療機関もあってしかるべきです。ある程度は治療期間に幅をもたせられるよう、診療報酬点数の仕組みも含め、一般の精神科医療とは違うシステムが求められます。さらには医療機関と連携する形で、生活指導をはじめ、社会性や協調性を身につける訓練、就労訓練などを行える矯正施設の設立も、検討されるべきでしょう。常軌を逸した家庭内暴力、薬物、ストーカーやＤＶ、性犯罪も含め、逸脱した行為に対する精神保健としての取り組みは、事件の増加、再犯率の高さから言っても欠かすことはできないのです。

日本にスペシャリスト集団を

専門機関の設立や専門家の育成とともに、もう一つの大きな課題は、「誰が」家族の相談にのり、対象者を適切に医療につなげるのか、ということに尽きるでしょう。

現状の保健所や精神保健福祉センターの仕組みでは、本来あるべき役割を果たせていません。

そもそも私は、「精神障害者移送サービス」をはじめた当初から、これは本来行政が取り組むべき問題であると主張してきました。その後、一九九九年の精神保健福祉法改正では、受診を拒否する精神障害者の移送を、都道府県知事の責任において実施する移送制度(第三十四条)が創設されましたが、創設当時より、地域間の格差が大きいことなどさまざまな問題が指摘されてきました。

ちなみに厚労省は現在、患者を地域社会で受け入れるために、六・八億円の予算を計上して、二十四時間態勢の訪問支援(アウトリーチ)事業を推進しています。しかし、実施は各自治体に任されているため、全都道府県での配置には至っていません。また、どちらかと言えば認知症の高齢者に対する対応がメインになっており、ここでも、対応の難しい精神障害者は最初から排除されています。

今や、保健所や医療機関が好んで対応するのは、病識があり、通院や服薬も進んで行える患者です。こういった患者には、退院後のケアも含め、手厚い対応がなされています。しかし私からすると、病識があり、通院や服薬も進んで行える患者だけを精神障害者として扱う現状には、大いなる疑問があります。なぜなら私はこれまでに千件以上の移送に携わってきましたが、家族の最大の悩みは、本人に病識を持たせることができない点にあったからです。仮に医療につなげられたとしても、退院後、通院や服薬をやめてしまい、再びトラブルや問題行動を起こす……この繰り返しに、家族は苦しんでいるのです。

特に、薬物療法で改善がみられず、病院職員にまで悪態をつき、迷惑行為を行うような患者は、パーソナリティ障害の問題が必ずと言っていいほど関わりを持っています。過去に逮捕歴や措置入院歴はなくとも、家族が身の危険を感じて110番通報していることが多く、つまりは精神科医療と司法の狭間《はざま》にいる対象者です。

だからこそ私は、このような対応の難しい「グレーゾーン」の患者（対象者）の初動対応・介入・連携に当たれる、全国防犯協会連合会のような公益財団法人（以下スペシャリスト集団）を作ることを提言したいと思います。

保健所をはじめとする行政機関が、家族に対して「何かあったら110番通報を」と促していることから、現在、グレーゾーンに関する問題のしわ寄せを一手に引き受けているのが、警察と言えます。日頃から現場で対応している警察官は特に、自傷他害を行うような人物であっても、直接会って話をするテクニックを身につけています。

私は仕事がら、警察官通報（精神保健福祉法第二十三条）による措置入院の現場にも立ち会ったことがありますが、患者に対して医療の必要性を説くなど、日々の訓練を感じさせる見事なものでした。こういった警察官の経験を、有効活用しない手はないと思います。全国を統括する公益財団法人を作り、正会員として各都道府県に一団体計四十七団体、ゆくゆくは、警察署の管轄《かんかつ》区域ごとの下部組織も作るという構想です。引退された警察官に協力を仰ぎ、現場で主体となり、「グレーゾーン」の問題に当たってもらうのです。

もっとも重要な役割は、対象者や家族を中心として、保健所、医療機関、警察などの専門機関を上手につなげることです。現状では、それら専門機関の横の連携がうまくいっているとは言えず、結果、相談に訪れた家族が、各専門機関をたらい回しにされているような状況です。

このスペシャリスト集団（各都道府県の公益財団法人）では、相談の内容に応じて、保健師とともに対象者に会いに行き、必要があれば医療機関につなげる手助けをします。緊急の場合や危険度の高い場合には、警察と連携して警察官通報による措置入院に結びつけるか、説得による精神障害者移送サービスを行います。この際、嘱託の精神科医を配置し、対象者に会う際に同行してもらうという方法もあります。本人がひきこもっているなどの理由から、精神科医の往診を望む家族は多いものですが、応じる医師はほとんどいません。そこにはやはり「怖い」「危険」といった思いがあるからです。実際のところ過去には、医師が患者に殺されるといった事件も、少なからず起きています。しかし、警察官ＯＢという危機管理のプロが一緒ならば、その心配は解消されるでしょう。

また、家族は精神疾患と思っていても、実は違法行為が隠れていたという実態があることは、すでにお話ししたとおりです。薬物の乱用がその顕著な例ですが、それ以外にも、対象者の問題行動が精神疾患に起因しているのか、犯罪として扱うべきなのか、判断がつきにくいケースは増加しています。警察官ＯＢが家族からの相談により速やかに介入することで、事実を把握することは十分可能です。

もう一つ、これは私の経験した事例ですが、家族からの依頼を受けて介入したところ、対象者の住所地に見知らぬ人の住民票が置かれている、という事実が発覚したこともありました。調べてみると、精神疾患により判断能力を失っていた対象者が、暴力団関係者に操られ、何十人分もの住民票を置かせてしまっていたのです。家族のケアが行き届いていないと、このように犯罪の温床となってしまうこともあるからこそ、第三者の速やかな介入は不可欠です。

近隣住民同士のトラブルでも、精神疾患に起因する迷惑行為だけでなく、暴行事件、果ては殺傷事件に至る事例が増加しています。住民からの求めに応じて、対象者に会ったり、対象者の家族を説得したりすることで、医療への足がかりができます。近隣住民同士のトラブルでは、地域の自治会長や民生委員がキーマンとなることが多いため、スペシャリスト集団が、彼らをサポートし、協力体制をつくることで、継続して社会的介入を行うことも可能となります。

中には、すぐに医療に結びつけることが難しいケースも、あるかもしれません。しかし、対象者に会い、多少なりとも人間的な関わりをもつことができれば、万が一の際の介入もスムースにできます。特に昨今は、対象者の高齢化が進んでいます。当然のことながら家族も高齢化しており、判断力や行動力を失いつつあります。「この状態で親が突然亡《な》くなったら、本人も生きる術《すべ》がなく、餓死してしまうのではないだろうか」と懸念《けねん》されるケースは、数え切れないほどあります。

これらのことからも、家族からの相談を真摯に受け止め、対象者に会いに行き、人間関係をつくっておくことが、非常に重要なポイントとなってくるのです。

もう一つの役割としては、家族に対する対応です。こういった問題を抱える家族は、対象者だけでなく他の家族も、ものごとの捉《とら》え方や考え方が偏《かたよ》っていることが、少なくありません。結果として、本人の状態を悪化させるような言動を繰り返していることもあります。あるいは、家族自身が心身ともに疲れ果て、医療機関にかかる必要がある場合もあります。

余談ですが、イギリスでは「ファミリーワーク」という訪問型の家族支援が進んでいます。これはファルーン教授の開発したプログラムで、「一年後の統合失調症の再発率」をみたときに、本人自身に対する支援より家族全員に対する支援のほうが、はるかに効果があるという研究結果に基づいています。専門の教育を受けたスタッフが自宅を訪問し、家族から心配事や悩みなどを聞き、必要に応じた家族支援を行うというものです。

日本の精神保健分野でも、専門家は、本人や家族に対する支援を行えるだけの知識はすでに持っているはずです。ただ、本人が拒否したり暴れたりしたときにどう対処するか、本人だけではなく家族にも問題があるとき、どう関わりを持つか、すなわち危機管理や危険予測に対するスキルやノウハウがないため、対応困難な問題が手つかずのまま放置されています。

「対人間」という意味で現場経験の豊富な警察官ＯＢであれば、そのような難しい対象者、家族に対する接し方も心得ています。

私の知る範囲で一例をあげれば、職務質問を専門としてきた警察官ＯＢであれば、危険な状態にある対象者に対しての説得もできるでしょう。組織犯罪対策部出身であれば、違法薬物や反社会的勢力の絡《から》んだ案件で、その経験を発揮できます。生活安全課は、もともとこういった相談を数多く受けていますから、法律や精神保健の仕組みにも明るいはずです。事前調査や情報収集といった面では、刑事課や警備課の経験が活かせるかもしれません。もっと細かく言えば、少年課のＯＢなら十代の子供への接し方を心得ているでしょうし、対象者が女性の場合を考えると、元婦警の活躍も期待できます。生命・身体にかかわるような緊急性の高い事案が多いからこそ、遵法《じゅんぽう》精神や倫理・道徳にのっとり、瞬時に判断できる能力を兼ね備えた人材が求められるのです。

私に言わせれば、法律に明るく、対応方法を心得ている警察官ＯＢは、まさに人材の宝庫です。ハイレベルの対人能力や危機管理能力を求められる最前線の現場は、彼らのようなスペシャリスト集団に初動対応・介入を任せ、そこから先を保健所や医療機関、警察など各専門機関と連携する体制ができれば、多くの対象者（患者）や家族を救うことができるはずです。

近頃私は、二十代の若い世代から相談を受けることもあります。親が精神疾患を発症し医療につなげる必要があるものの、両親はすでに離婚しており、自身は一人っ子、祖父母とも疎遠《そえん》で、人的資源もなく、経済的にも頼れる人がいないという相談です。核家族化、少子化の現状がある限り、このような事案はますます増えることでしょう。

まだ若く、親が精神疾患であるという事実を受け止めることも難しい中で、行政機関を含め相談に乗ってもらえる相手すらいない、と言います。「親を捨てて、逃げるしかないのでしょうか」という切実な訴えには、胸が痛みます。未来ある若い人たちが気軽に相談でき、力を借りられるような体制が求められているのです。

真の問題解決のためには、対象者に直接会うことはもちろん、保健所や医療機関、警察など専門機関の横の連携を図るパイプ役が必要です。そのパイプ役となれるスペシャリスト集団の育成や設立について、政府および各地方自治体において広く議論されることを切に望みます。

第六章　家族にできること、すべきこと

家族の縁は切れない

最後になりましたが、家族にできること、すべきことを考えてみたいと思います。

私が一番に申し上げたいのは、「家族も治療者の一人であるという自覚を持つ」ということです。家族の決断や支えなくして、患者の回復はありえません。

そもそも日本の精神保健が、現在のような、家族にとって最悪ともいえる形に変わってしまった背景には、多くの家族がとってきた、「他人《ひと》任せ」のスタイルがあったと思うのです。

古い話になってしまいますが、今から約三十年前、私が高校生だったときの話です。私の通っていた高校の通学途中に、精神科病院がありました。学校帰りに自転車のペダルをこいでいた私は、人が叫ぶ声を聞き、声のするほうへ自転車を走らせました。そこは病院の裏手で、背伸びをしても届かないような高いところに、鉄格子《てつごうし》のはまった窓が見えました。その隙間《すきま》から、何人もの大人が顔をのぞかせ、「おーい」と叫んでいます。

私は近所の酒屋でビールケースを借りてきて、窓越しに彼らと話をしました。彼らの大半は、四十~六十歳くらいの男性でしたが、白髪交じりの女性の姿も見えました。私が彼らに何をしているのかと尋ねると、皆、口を揃《そろ》えて、「閉じ込められている」「家族に無理やり連れてこられた」と言います。十年、二十年と入院している、と言った人もいました。

それから私は、週に二~三回、彼らに会いに行くようになりました。彼らは家族から絶縁されているらしく、面会に来てくれる人もいないと言います。私は彼らに頼まれるまま、煙草《たばこ》やビールを買いに走っては、鉄格子の隙間から渡していました。今では考えられないことですが、当時はそのような、のんびりした時代だったのです。私は彼らに「坊主《ぼうず》」と呼ばれ、ずいぶんかわいがってもらいました。

高校を卒業した日、故郷を離れ上京することが決まっていた私は、彼らに別れの挨《あい》拶《さつ》をしにいきました。もう会いに来られないことを告げると、皆が泣きながら見送ってくれました。家族に見捨てられ、行き場のなかった彼らの身の上を思うと、今でも胸が痛みます。

この病院が特別だったのではなく、当時の精神科医療は概《おおむ》ねこのような状況にありました。そして家族もまた、病院に連れて行ったら終わり、あとは医師や看護師任せ、といったスタンスで接してきたように思います。これは、臭いものには蓋《ふた》をし異質なものは排除するという、日本人特有の潔癖さなど文化的背景にも関係しているところでしょう。

その後、精神保健分野は格段に進化を遂げましたが、家族の意識は、当時のまま、といったところがみられます。「病気なんだから、行政や医療機関が対応してくれて当然」「病院ですべて面倒をみてもらおう」。そのように考えている家族は、未《いま》だに見受けられます。その家族の姿勢こそが、保健所や医療従事者のやる気を奪い、今回の法改正という事態を招いたのではないかとすら思います。

そして今、改正精神保健福祉法において保護者制度が廃止されたことを皮切りに、医療機関をはじめとする専門機関では、家族の存在（意向）が排除される傾向にあります。しかしこんなときだからこそ、「家族とは何か」「家族は患者に何ができるか」ということを、もう一度見つめ直してみたいのです。

近年は、子供に関する親からの相談だけでなく、兄弟姉妹からの相談や、子供が親の問題に関して相談に来ることも増えています。しかしここでは、大半を占める「親と子」の関係を主軸に、家族のあり方について考えてみます。ただし「親と子」をそれぞれの家族関係に置きかえてみても、納得いただけるのではないかと思います。

精神保健福祉法上で保護者の義務がなくなったとしても、現実の世界で患者と生活を共にするのは家族です。何か問題があったときに対応をとるのも、基本的には家族でしょう。

子供の問題行動に悩まされ、「親子の縁を切る」と言葉にするのは簡単ですが、今までと同じ生活を続けながらそれを行う手立てはありません。最悪の場合、本人に居所を知られないよう住民票を置いたまま家族が逃げるという方法もありますが、実際に実行できる家族は限られるでしょう。また家族が本人との関係を一切持たなくなることで、本人の言動が第三者に向く可能性は十分に考えられます。その果てに、もし本人が事件や事故を起こしてしまったときには、社会的批判は免れず、親として「知らない」「関係ない」と言い切れるでしょうか。

家族である以上、この問題からは容易に逃れることはできません。何も見ない振りをしてズルズルと先延ばしにするか、黙って耐えるか、あるいは正面切って向き合うか。決断をするのもまた、家族でしかないのです。

こんな家族は嫌われる

ただし問題が進行してしまっている場合、本人との親子関係も悪化していることがほとんどのため、家族だけで解決することは不可能に近いと言えます。ここでは第三者の力を借りることを念頭におき、その際に最低限、家族が心得ておくべきことを、述べてみたいと思います。

そもそも問題の本質がどこにあるのか、真剣に考えてみたことがありますか。はっきり言っておきますが、医療機関が「対応困難」な問題を締め出したがるのは、患者本人だけでなく、家族にもおかしなところがあるからです。

たとえば、私のところへ相談に来る親に、よくありがちな例を挙げてみましょう。

親は、問題行動を繰り返す子供について、「人の言うことをまったく聞かないのです」「嘘《うそ》ばかりつくのです」「倫理・道徳観がないのです」などと訴えます。ところが、その親自身が、私のような第三者に対して、「人の言うことをまったく聞かず」「嘘ばかりつき」「倫理・道徳観がない」振る舞いをしています。

具体的に言うと、相談やヒアリングの席で自分たちに都合のいい話だけをして、事実を述べない。子供の目線に立って親の過《あやま》ちを指摘すると、言い訳に躍起となり本質の話をさせない。こちら側の指示に対して、自分の考えを優先し聞き入れない。子供の違法行為や倫理・道徳に反する行為を、自分たちの生活に影響を与えるからという理由で隠蔽《いんぺい》したり黙認したりする。お金や自分の都合など目先のことにとらわれ、他人を振り回す。第三者に介入させておいて、自分は何もせず責任を丸投げする。自分の非は棚上げし、被害者（弱者）として対応する。最初から他人を利用することしか考えていない。そもそも子供が何をしているのか関心をもたず、真実を知らない、などです。こういった親は、まず間違いなく子供にも同じ振る舞いをしていますから、子供が問題行動を起こすようになるのも当然と言えます。

最近は、子供のことで相談を受けて調査を開始したところ、その親が、法に抵触する行為や倫理・道徳に反する行為を行っていたことが発覚した、というケースも増えています。たとえば大麻乱用や向精神薬への依存、不貞行為などです。「本当に問題があるのはどちらなのか！　おかしいのは親のほうではないか！」と、思わず叫びたくもなります。

現実が見えていない家族というのも、専門機関や専門家から嫌われてしまいます。ここでも、私のところへ相談に来た家族を例に挙げてみます。「子供を医療機関（自立支援施設）につないでほしい」という相談です。話を聞くと、子供は十年以上にわたり、精神疾患を理由に、無就労の状態を続けています。その過程において、家族への暴力や暴言だけでなく、第三者ともトラブルを起こし、警察沙汰《ざた》も一度や二度ではありません。現状と経緯を聞くだけでも、病気はもちろんのこと、親子関係や生育歴、本人の性格など、根深い問題が横たわっていることが見て取れます。それなのに親は、「入院して薬を飲めば、大人しくなると思うんです」「とりあえず施設に一、二年預ければ、何とかなるんじゃないですか」などと言っています。

私はこのような家族には、そんなに甘い話ではないことをはっきり伝えます。家族の気持ちも分からなくはないですが、希望的観測に沿って話をしていても、問題解決には至らないからです。

このケースでありがちなのは、相談者が実際に患者の面倒をみているわけではない、ということです。たとえば相談に来たのは父親ですが、日々、患者の面倒をみているのは母親です。暴力や暴言など、直接の被害を被《こうむ》っているのも母親です。父親が私の助言に腹を立て、依頼に至らない陰で、母親からは助けてほしいと訴えられます。しかしこういった家族ほど、実権を握り金銭を掌握しているのが父親のため、私が介入するとなると、父親の説得からはじめなければなりません。

これは、親が高齢化し、本人の兄弟姉妹から相談を受けるケースでも同じです。兄弟姉妹にしてみれば、いずれ親が亡《な》くなったときに、問題が自分に降りかかってくることは目に見えています。だからこそ早い段階で何とかしたいと、私のような第三者を探して相談に来ます。しかし親が元気で健在ならば、その意向を無視するわけにはいきません。私が親を説得する場合もありますが、そこで拒絶されれば終わりです。私は兄弟姉妹たちに、「親御さんが亡くなって、あなたの代になったらまた相談に来てください」と言うしかないのです。しかしそのときには、本人の状態はさらに悪化しており、問題解決への道もはるか遠くなっています。

私は民間企業の形態で仕事をしていますので、家族の見解を一致させるために、仲裁したり説得したりすることもできます。ですが、保健所や医療機関のような公的な専門機関が、家族間の揉《も》め事にまで介入することはありません。専門機関や専門家はこの時点で「面倒な家族」とジャッジを下し、オブラートに包んだ言い方で敬遠します。

今はインターネットの発達により、言葉尻《じり》を捉えて叩《たた》かれる時代になったため、公的な専門機関は特に、真実を言葉にしなくなりました。しかし、「対応困難な患者がそうなった要因は、親子関係が大きな比重を占めている」ということは、専門家の間では周知の事実です。時間と労力をかけて患者の治療に携わり、一時的に状態が良くなっても、問題のある親が君臨している限りは、元に戻ってしまう可能性が高い。そう考えるからこそ、誰も手を出したがらないのです。

ここまでの私の文章を読んで、「自分は違う」と思ったり、「押川なんかにこんなことを言われる筋合いはない」と腹が立ったりしたでしょうか。そのような親御さんこそ、ぜひ胸に手を当てて、考えてみてください。あちこちの専門機関に相談に行っているのに、いつも曖昧《あいまい》な対応しかしてもらえない。専門家は親身に話を聞いてはくれるが、踏み込んだ解決策がない。そのような家族は今一度、これまでの経緯や、本人の現状、そして自らの専門家への接し方について、よくよく振り返ってみてほしいと思います。

「子供を殺してください」という前に

それでは、家族が行政機関や医療機関をはじめとする専門機関に相談に行く際、具体的に注意すべき点はどのようなことでしょうか。詳細は個々のケースにもよりますから一概には言えませんが、私の考える「基本事項」を、ここで挙げておきます。

その一　相談は「直接」「何度も」「明確に要望を伝える」

私の経験上、「保健所にも病院にも相談したけど、何もしてくれなかった」と訴える人の中で、「直接」「何度も」相談に訪れている人は、そう多くはありません。ほとんどの人が、電話で尋ねただけか、一、二回の相談で芳《かんば》しい返答がもらえず、諦《あきら》めてしまっています。

現実として、行政機関に相談に行っても、ほとんど話も聞いてもらえず、別の相談機関にまわされてしまうといったことは、よくあります。しかし、弊社のような民間企業ですら、毎日のように問い合わせの電話が鳴っています。行政機関にいたっては、数え切れないほどの相談が殺到していることでしょう。その中で、どれだけ親身になって相談に乗ってもらえるか。これは、家族の本気度にかかっていると言っても過言ではありません。

自分では解決できない問題を、第三者に助けてもらうのです。電話だけで、一回の相談だけで、解決に結びつくはずなどありません。何度でも足を運んで、まずは顔と名前を覚えてもらってください。そして漠然と「困っている」と訴えるのではなく、現状を正確に伝えたうえで、「家族として、何かあったら責任はとるので、○○してほしいと思っている」（たとえば、自宅訪問をしてほしい、医療機関を紹介してほしい、医療につなげたいので説得を手伝ってほしいなど）という明確な意思表示をすることです。

近年は特に対象者（患者）の意思が尊重される時代です。明らかに精神疾患の症状が見られても、保健所や医療機関が積極的に介入してくれるわけではありません。特に精神科未受診で本人に病識がない場合、精神科医療をどう利用するかの判断は、家族に委《ゆだ》ねられることになります。

しかし多くの家族が、本人から恨まれたくない一心で肝心な行動がとれず、ただオロオロするばかりです。私は常々、この問題を解決するには、誰かが「憎まれ役」にならなければならないと感じています。それは「このまま放置して悪化するくらいなら、自分が恨まれてもいいから何とかしたい」という自己犠牲の精神がなければできないことです。そういう意味では、「子供の人生の責任を負う」という覚悟のある親が減っているのを感じます。

その二　本人の生活状況・既往歴・生育歴をまとめておく

先にも述べたように、専門機関には相談が殺到し、家族の話をゆっくり聞いてあげたくても、時間が許さないこともあります。だからこそ相談する側にも、話をスムースに進めるための工夫が求められています。相談に行く前に、本人の生活状況・既往歴・生育歴をまとめておきましょう。家族といえども、昔のことや細かいことに関しては忘れたり知らなかったりすることが多いものです。本人の基本情報に関する資料があれば、流れに沿って話をすることができますし、相手も現状が把握しやすくなります。

またこの資料は、親に万が一のことがあったとき、他の子供（本人の兄弟姉妹）にとって非常に役に立ちます。

参考までに、記録しておくべき具体例を挙げておきます。

①生活状況とは
氏名、生年月日、血液型、現住所
食事、保清（入浴や身繕い）の頻度
自傷他害行為の有無
就寝・起床の時間や外出の有無など、日常の行動
タバコ・アルコール・ギャンブル・ゲームなどの嗜好《しこう》・嗜癖
趣味や興味のあるもの、本人がこだわっているもの
経済状況、金銭の遣いみち
②既往歴とは
精神科への入通院歴、服薬の有無（薬の種類）
その他身体疾患
健康保険証の有無、精神障害者保健福祉手帳の有無、障害年金受給の有無
③生育歴とは

幼少期のエピソード、親子の関わり
学歴や職歴、友人および異性関係
問題行動、ひきこもり等のきっかけとなる出来事（時期や内容）
本人の起こした事件や事故、トラブルなど
その他、行政や医療機関への相談歴があれば、日付・相談先・担当者・相談内容の記録もとっておく。

その三　エビデンス（証拠）の重要性

専門機関を含む第三者の介入を求めるにあたっては、エビデンス（証拠）の重要性が挙げられます。家族の相談を補完するものとして、本人の問題のある言動を、動画や写真、音声、文書として残しておくのです。

・本人の病的な言動や暴言
・本人の様子、自室の様子
・暴力を振るった痕跡（壁の穴、割れたガラス、凶器類など）
・アルコールや向精神薬への依存が疑われるのであれば、何をいつ、どのくらい飲んでいるかの記録

・暴力を振るわれて家族が怪我《けが》を負った際には、診断書をとっておく
・処方薬の袋、おくすり手帳、処方箋《しょほうせん》など、診断や処方の記録

なぜエビデンスをとっておくかと言えば、専門家への相談の際、情報を言葉で伝えるよりも、映像や写真を見てもらったほうが、実態を把握してもらえますし、迅速な対応をとってもらえる可能性が非常に高くなるからです。専門家にとっても、本人の日頃の言動という事前情報があれば、どの専門機関につなげるべきか、またその緊急度などの判断が正確にできますし、介入における危機管理や危険予測の対策をとることもできます。

最近は、平気で嘘《うそ》をついて専門機関を利用する家族も増えていますから、どの専門機関も介入には非常に慎重になっています。特に行政機関や医療機関は、本人から訴えられたり、トラブルが起きたりするような事態を、極端なまでに避ける傾向にあります。

核家族化が進み、個人情報の保護や人権が叫ばれる昨今、家族であっても「個」が尊重される時代です。さらには民事不介入等の壁もあり、第三者が家族の問題に介入するときには、すべて法律に基づいた根拠を示すことが求められます。だからこそ家族側が「誰が見ても、介入の必要がある」と思えるようなエビデンスを用意できれば、

専門機関にも動いてもらいやすくなります。

ただしこの判断はあくまでも家族に委ねられるため、本人との間にトラブルが生じないよう無理はしないでください。またエビデンスの保管の仕方にも十分気を配りましょう。

最近は、自分自身や家族の人生に関わる情報を整理し、パソコン上に記録できるソフトウェア（『マイノート人生設計』株式会社ジャングル）も発売されています。『マイノート人生設計』では、カレンダー上に日々の出来事を記入し、写真や動画を保存することができるだけでなく、個人に関するさまざまな情報を記録することができます。既往歴やかかりつけ医療機関の情報記入、処方箋の添付も可能ですから、このようなソフトを上手に利用し、情報を整理しておくことをお勧めします。

私が、エビデンスも含め記録をとることを勧めるのは、最近の家族が、あまりに本人のことを知らないと感じるからです。相談を受けて、家族が困っているのは理解できても、本人の「実態」がまるで見えてきません。そのため業務を請け負うときには、事前調査が欠かせませんし、調査をすれば、家族も知らなかった事実がボロボロと出てきます。これは、家族がこの問題を「本人の個人的な問題」として捉え、「家族の問題」として正面から受け止めていない証《あかし》だと、私は思います。

家族にできること、すべきこと

子供に立ち直って欲しい。病気ならば治してあげたい。これを機に、親としての自分を見直したい。本気でそう思うのであれば、問題の本質がどこにあるのかを、真剣に考えてみてください。

本質に気付くヒントは、実は、親自身の人生にあります。そもそも、親自身が抱えている問題はありませんか。リストラや借金、夫婦の不仲や浮気、アルコールやギャンブル、ゲームなどへの依存……そういった問題や悩みは、いくら隠しても子供に伝わるものです。あるいは、子供への対応に参ってしまい、親が心身のバランスを崩しているような例もあります。

すべてを一気に解決することはできませんが、心を強く持って問題に向き合うために、まずは自分自身を振り返ってみるべきです。ここでは、自らの幼少期、親との関係、学生時代、就職、結婚など、これまでの歩みを客観的に振り返ってみることをお勧めします。ノートなどに時系列で書き出してみるのもいいでしょう。あくまでも事実だけに即した「人生史（年表／履歴書）」を作るのです。

結婚して子供が生まれてからの年月は、子供の歩みも並列して書き出してみます。子供がいつ、どんな行動をしたか、思い出して記入することができますか。問題行動が起きたのはいつ頃で、どんなことだったか。そのとき自分は、一体何に心を奪われ、何を中心に生活していたか。おそらく、子供のことよりも優先していた「何か」があるはずです。それを子供の問題行動と照らし合わせてみると、内容、時期とともに、自らの人生とリンクしているものが見つかるのではないでしょうか。

また、自分が何にどんな価値観を持ち、生きてきたのかを考えてみると、子供の言動と一致するものがあることが分かるはずです。特に「人」「物」「金」といった事柄に対する価値観は、親の背中を通じて子供に色濃く受け継がれるものです。

夫婦であれば、このようなことを本音で話し合うことができるでしょうか。私のところにやって来る依頼人は、表面的には良き夫婦に見えても、実際は心のつながりがなく殺伐とした関係という両親が、とても多いです。子供には隠しているつもりでも、知らず知らず父親（母親）の悪口を子供に吹き込んでいるようなこともあります。逆に、夫婦で力を合わせて乗り越えようとしている家庭の子供は、一時的に崩れていても、親が真剣に子供と向き合った時には道がひらけるものです。

配偶者と離婚、あるいは死別している場合や、一方が当てにならないような場合には、「自分一人でも頑張ろう」と覚悟を決めるしかありません。ときどき、親の再婚相手や交際相手、はたまた浮気相手の存在が見え隠れすることがありますが、そのせいで子供の「心」への関心が低くなっていませんか。その人間関係が親自身、そして子供にどのような影響を及ぼしているか、客観的に考える必要があるかもしれません。

さて、自分自身の生き様を振り返ってみて、改めなければならないところや、解決しなければならない問題が見つかったのではないでしょうか。子供に対する見方にも、変化が生まれたかもしれません。子供にそれを伝える機会があったときには、ぜひ本音で話をしてみてください。

特に子供が十代と若い場合には、受容したり適応したりする能力に優れていますから、効果がみられることがあります。たとえば私が依頼を受けて介入する際には、できるだけ親子でぶつかり合う機会を設けるようにしています。親と子は一触即発の状態ですから、罵声《ばせい》が飛び交ったり、親が子供にビンタを張ったり、逆にビンタを張られたり、修羅場にはなります。しかし終わってみると、「こんなに真剣に子供と話をしたのは、初めてです」と親から言われたり、また子供も「親の本音が分かってすっきりした」などと言ったりします。幼少期から本音でぶつかり合ったこともなく、ガラス細工のような脆《もろ》さで集ってきた、見せかけだけの家族が多いことを痛感させられます。

ただし本人の年齢が上がっている場合には、双方を理解することは、困難になります。

特に緊急を要するケースでは、当該行政機関と連携をとり、第三者の介入を求めるしかありません。その際にも、他人任せやその場しのぎの対応に終始してはなりません。本人の身の丈にあった生き方や、いかにして親子で適度な距離をとるかなど、家族の見極めこそが、今後を左右するとも言えます。

いずれにしても、親が子供に真剣に向き合い、本音を伝えたケースでは、その後の流れも上手《うま》くいくことが多いように思います。これは必ずしも、子供が立ち直った、病気が治ったという意味ではなく、子供自身が、親との関係に区切りをつけられるようになるのです。

逆に、私たちがどんなに「子供に本音で向き合ってください」と言っても、真剣にならなかったり、大事なことを他人任せにしたりする親がいます。これでは、第三者が頑張ることでいったんは軌道に乗ったように見えても、どこかで破綻《はたん》をきたすことになります。

この、親が真剣になるか否《いな》かというのは、どこまでもついてまわる命題だと思います。だからこそ私は、親がおかしな言動をとっていれば、業務の最中だろうと子供の前だろうと、はっきり指摘します。

真剣に子供と向き合わない家族ほど、専門機関や専門家に文句をつけたがります。子供に対しては何も言えないのに、専門家には「こういう方法でやってほしい」などと注文をつけます。ときには医師の診断や治療にまで口を出したり、相手の言うことを聞かずに自分たちで勝手に行動をしてしまったりします。このような信頼関係のない状態で、ものごとがうまく進むはずがありません。

また、現実と向き合っていないからこそ、夢物語のようなことを考えてしまいます。問題を放置した結果、重篤《じゅうとく》な症状を呈しているのに「昔のあの子に戻ってほしい」「働いてほしい」「結婚でもしてくれれば」などと言うのです。このような親の夢物語をいつまでも背負わされている子供には、深い同情を覚えます。

親の中には、子供のことより自分のことを優先させている方もいます。自分がこれまで子供にどんなことをされ、どれだけ苦労をしてきたか。子供についての相談のはずが、自分に関する話に終始してしまいます。私たちも業務においては、家族の気持ちを汲《く》み、納得できるまで話をしていきますが、いつまでも「親の私がかわいそう」「私が辛《つら》い」という調子では、第三者に依存することにもなりかねません。度合いによっては、親自身が精神療法を受けるなど、専門家の力を借りたほうがいいケースもあります。

子供は、「対応困難な問題を繰り返す」という形で、親に自分の「心」を突きつけているのです。こうなるまで気がつかなかった、子供の「心」の痛みを受け止めてください。問題から目をそらしたり、子供の「心」を縛ったりするのではなく、子供を一人の人間として尊重する気持ちを持ってください。

そして親自身も、生き方（対応）を改める心構えを持つことです。現実は、もはや第三者の介入なしには、子供とまともに話をすることすらできないのです。そうである以上、子供が本来あるべき社会生活を送れるようにするためには、自分の非を認め、真摯《しんし》な気持ちで周囲に協力を仰ぐしかありません。医療にかかったあとも本人と生活を共にするのであれば、どのように接していくか、トラブル時に親としてどのような姿勢を示すか、家族が真剣に考え、ときには専門家の指導を仰ぐ必要もあるでしょう。それこそが「家族も治療者の一人である」という言葉の真意です。

「自分たちこそが被害者で、医療につなげれば何とかなる」などという考えをいつまでも手放さないようでは、いくら第三者が介入し、医療機関など専門機関につないだところで、真の解決にはたどりつけません。

問題の本質と向き合い、本気で取り組む覚悟ができたら、勇気を持って第一歩を踏み出してください。

私はここまで、現在の精神保健分野やその従事者、また保健所をはじめとする当該行政機関について、ずいぶん非難めいたことを述べてきました。しかし今さらのようですが、患者や家族に寄り添い、精一杯のことをしてくれる専門家の方も多くおられます。こういった方々と信頼関係を作り、協力の輪を広げていくことができれば、事態は好転していく可能性があります。私自身、そういった素晴らしい専門家の方々の協力があったからこそ、これまで難問を解決してこられたのだと思っています。

多くの協力を得るためには、やはり家族がどれだけ真摯に問題に取り組んでいるかが試されると思います。精神保健の仕組みや制度について勉強したり、相手に対して感謝や尊重の念を持ったりすることを忘れてはなりません。あくまでも信頼関係を保ちながら、そのうえで粘り強く交渉を重ねることで必ず道はひらけるはずです。

あとがき

『子供を殺してください』という親たち』。このタイトルで本を執筆しようと思い立ったのは、今から三年ほど前のことです。奇をてらったわけではなく、家族の問題に介入する中で幾度も耳にするようになったこの言葉に、非常に危機感を抱いたからです。私はこの言葉の背景に、「面倒なもの」「危ないもの」「厄介なもの」を徹底して排除しようとする、家族そして社会の姿が見えるような気がしています。本当にそれでいいのだろうか？　と強く思ったことが、筆を執るきっかけとなりました。

業務の合間を縫って、これまでに携わってきた家族のケースを振り返ったり、資料を読み込んだりして執筆を進めていた最中、精神保健福祉法の改正という大きな出来事がありました。二〇一四年四月の施行後は、複雑かつ対応困難なケースほど、なかなか医療につながることができず、入院できても半ば強制的に早期退院を促されるなど、追いつめられる家族が増えていることは、本書で述べたとおりです。

本書の執筆中にも、精神科病院に入通院歴のある患者が起こす事件が相次ぎました。

中でも、二〇一五年三月に兵庫県洲本《すもと》市で起きた五人刺殺事件は、まさに私が述べてきた問題の象徴であると言えます。

新聞報道から知る限りですが、容疑者は十年ほど前から近隣住民への中傷をインターネットに書き込むようになり、措置入院などによる入退院を繰り返していました。二〇一三年秋の退院後も、事件の直前まで、被害者及び容疑者の家族が、何度も行政機関に相談に行っていたと言います。しかし、そもそもの退院の判断も含め、適切な介入がなかったことにより、大きな事件となってしまいました。

自傷他害の恐れのある患者や、症状が重度かつ慢性化した難治性の患者が一定数いることは、もはや疑いようのない事実です。主管行政機関である保健所や精神保健福祉センター、そして精神科病院には、事件発生を予防する側面からの、一歩踏み込んだ対応が求められています。これは洲本市の事件に限ったことではありません。現場で実態を目《ま》の当たりにしている私にとっては、専門機関や専門家に危機感が感じられず、「命」を軽く扱っているようにしか思えないことが、多々あるのです。

一方で、精神保健分野に詳しくない一般の方々にしてみれば、「精神障害者の起こした事件」という事実の増加に、漠然とした恐ろしさばかりを募らせることになります。なぜ事件にまで至るのかといった問題点や、患者や家族が抱えている苦しみに対しては、正確な報道がなされることも少なく、知る機会もありません。そういった意味では、現行の精神保健分野のシステムこそが、「精神障害者は危険だ」という偏見や差別を助長する結果となっています。

ここであらためて申し述べておきますが、社会的入院を減らそうという厚労省の方針に、やみくもに反対するつもりはありません。しかしそれは、社会における受け皿があってはじめて議論できることです。今後は、精神障害者を積極的に受け入れる施設の増設や、病状が悪化した際の再入院へのつなげ方など、実態に即したアウトリーチ事業の充実を期待したいと思います。

また、長期にわたり治療を受ける必要のある患者がいるという事実に、どう向き合うか。未《いま》だ答えの出ていないこの問いに対して、専門家が知恵を出し合い、真剣に議論を重ね、対策を練っていかなければなりません。さもなくば、精神疾患を一因とする、家族間の（もしくは第三者への）事件は増える一方であり、防げたはずの事件で誰かが命を落とすという哀《かな》しい結末が積み重ねられるだけです。

本書の第五章では、家庭内暴力を振るう息子を父親が刺殺した事件を取り上げましたが、その後、東京地裁立川支部の裁判員裁判で、父親に執行猶予《ゆうよ》付きの判決（懲役三年執行猶予五年）が下されています。私は、この判決により今後、こういった問題を抱えた子供を、親が殺すという事件が増えるかもしれないと危惧《きぐ》しています。息子にも非があったとはいえ、命を奪うというかたちでの幕引きはあまりに短絡的です。対象者（患者）に立ち直るチャンスを与えるためにも、更生や矯正といった視点も含めた、精神保健分野のさらなる発展が求められているのです。

そして家族には、第三者に丸投げするのではなく、「家族の問題」であるという自覚を持ってほしいと思います。最近は私あての相談や依頼でも、電話一本でノウハウを得ようとしたり、相手に丸投げして問題解決を図ろうとしたりする家族の姿が顕著にみられます。インターネットの普及もあり、今や簡単に何でも調べられる、無料でノウハウを手に入れられる時代ではありますが、考えてもみてください。人間の「心」に関する問題が、簡単に良くなったり悪くなったりするものでしょうか。

親子の関係もまた然《しか》りです。そもそも子供の人生の歩みに、親の影響が多分にあるようなケースでは、表面的な対応では収まりがつかないほど問題は深刻化しています。その現実を真摯《しんし》に受け止め、子供の将来について、今一度真剣に考えてみてください。そうすることで初めて、親子のかたちもあるべき姿に変わっていくのではないかと、私は思っています。

なお、現在私のところには、子供が三十～四十代、その親が六十～七十代という世代からの相談が殺到しています。この世代の親は、これまで経済活動や生活環境の向上にいそしんできて、経済基盤や体裁は整っていても、人間力・親力がないことが多く、精神疾患を理由にひきこもる子供に対して、なんら親らしい言葉かけや行動をとれずにいます。子供はそれを逆手にとり、暴力や暴言、へりくつで親を支配しながら、経済面では親に依存するという生活を続けています。

ちなみに平成十八年度「こころの健康についての疫学調査に関する研究」によると、日本には、推計二十六万世帯のひきこもりがいるとされています。また、内閣府における平成二十二年七月の「若者の意識に関する調査（ひきこもりに関する実態調査）」では、自分の趣味の用事には外出できる「準ひきこもり」も含めると、その人数は推計七十万人にのぼるとありますが、それさえ氷山の一角であると私は感じています。

もちろん、皆が皆、本書で取り上げたような問題を抱えているとは限りませんし、この先もひきこもりのまま人生を歩むというわけではないでしょう。対象者の年齢や病気の度合いによっても、その後のあゆみや対応策は違ってきます。しかし、現実的なことに目を向ければ、親が先に亡《な》くなるのは自然の摂理です。そして、依存の対象である親の死後、彼らがどのように生活していくのかということを、個人や家族の問題として片付けるわけにはいきません。

残された他の子供たちや親族に矛先が向くことは十分に考えられますし、対象者が独居の生活となれば、精神状態が悪化する可能性も高くなります。精神疾患に起因する自宅のゴミ屋敷化や近隣住民とのトラブルなどは、今後も増え続けることが予想されます。彼らを福祉で支えていくにしても、無限の財源があるわけではないのです。そういった背景もあり、厚労省も平成二十一年度から、「ひきこもり対策推進事業」を創設し、ひきこもり対策の充実に取り組んでいます。最近は、自宅に来て本人に声をかけてくれるなどの訪問事業も盛んになっているようです。ところが、根深い問題を抱える対象者ほど、訪問を拒否し、自室のドアを閉ざしてしまいます。そのような対象者にどうアプローチしていくか、現場職員のレベルアップはもちろんですが、危機管理や危険予測も含め、新たな仕組みを作って対処すべき課題でもあります。

私個人としては、本文中にも述べた通り、対象者をスムースに医療や福祉、場合によっては司法につなげるための、警察官ＯＢを主体としたスペシャリスト集団を作ることが最終目標です。

家庭内で起きている問題はもはや、「家庭内殺人」「家庭内恐喝」と置き換えられるほど逼迫《ひっぱく》した状況にあり、一刻も早い人的介入が求められる一方で、現場の最前線は、あまりにも危険に満ちています。対象者を医療や福祉につなげ、各分野の専門家に力を発揮してもらうためにも、初動対応・介入・連携ができるスペシャリスト集団の設立は、必要不可欠です。初動はすべて警察に振られているという現実を踏まえれば、法整備や予算の組み直し等も求められます。

今や社会においても、また家族においても、「個」が尊重される時代となり、かつての「おせっかい」文化を、私たちは失いつつあります。私の提言するスペシャリスト集団は、言うなれば建設的な「おせっかい集団」でもあります。そこに私がこれまでに培《つちか》ってきたノウハウを提供することを一つのゴールと見定め、今後も声をあげていきたいと思います。

気がつけば前著から十年の年月が経っており、結果として本書は、この十年における家族と社会の変化を色濃く反映したものとなりました。執筆活動が滞っていた間には、映像の分野でたびたび私の活動を取り上げていただきましたが、いずれも「この問題を世に伝えなければ」というテレビ局員の皆様の、熱い思いがあったからこそです。とくに日本テレビ元報道局長である足立久男氏（現福岡放送代表取締役社長）、現報道局長である袴田直希氏のご両名には、多方面から多大なるご尽力をいただきました。

この間の地道な取材活動、そして視聴者の反響があったからこそ、本書の執筆に至ったことは、言うまでもありません。

また、本書の出版にあたっては、新潮社の佐々木勉氏ならびに新潮社の皆様に大変お世話になりました。この場を借りて心から御礼申し上げます。

最後に、今の家族の姿こそが、長年の積み重ねの結果であることを忘れないでください。親が表面的な事象にとらわれ、子供に対して真摯に向き合わず、ぬくもりや人間味に欠けた育て方をすれば、それは問題行動として跳ね返ってきます。家族の歴史を、「子供を殺してください」という究極に愛のない言葉で締めくくる前に、本気でこの問題と対峙《たいじ》してください。家族、親子だからこそ、「命」を軽く扱うような振る舞いがあってはならないのです。

家族からの悲痛なまでのSOSには、胸が痛みます。とはいえこの問題に対しては、個々の家庭に合わせた問題解決が求められるため、民間企業の形態で仕事をしている私は、一つひとつのケースを丁寧にこなしていくしかありません。すべての家族の依頼に応《こた》えられるわけではなく、自身の限界を感じることもあります。これから先、制度や仕組みが変わり、スペシャリスト集団の設立により支援が充実することで、私のような存在が必要なくなることが一番の望みです。

中には、私の主義主張に反対する方もいるかと思います。これまでにも私は、「精神科病院に連れて行くこと自体、人権侵害だ」といった批判や誹謗《ひぼう》中傷を受けてきました。しかし私には、「何をおいても対象者、そして家族（周囲の人々）の『命』を護《まも》らなければならない」という信念があります。この分野に携わる方々は、それぞれのやり方で「命」を護ることを最優先に考えていくべきであり、それ以外の方々は、どうぞ無用な誹謗中傷などなさらぬよう、お願いいたします。

最後になりますが、私にこの問題の真髄を教えてくれた、元城野医療刑務所（現北九州医療刑務所）所長であり、回生病院副院長であった故糸井孝吉《こうきち》先生に深い感謝と哀悼の意を捧《ささ》げ、筆を擱《お》きたいと思います。

参考文献

裁判所職員総合研修所監修『重大少年事件の実証的研究―親や家族を殺害した事例の分析を通して―』（司法協会）
福井裕輝著『ストーカー病―歪んだ妄想の暴走は止まらない―』（光文社）
中谷陽二著『刑事司法と精神医学　マクノートンから医療観察法へ』（弘文堂）
和田清編集『依存と嗜癖　どう理解し、どう対処するか』（医学書院）

この作品は新潮文庫のために書き下ろされた。

岩波　明著
狂気という隣人
—精神科医の現場報告—

人口の約1％が統合失調症という事実。しかし、我々の眼にその実態が見えないのはなぜか。精神科医が描く壮絶な精神医療の現在。

岩村暢子著
普通の家族がいちばん怖い
—崩壊するお正月、暴走するクリスマス—

元旦にひとり菓子パンを食べる子供、18歳の息子にサンタを信じさせる親。バラバラの家族をつなぐ「ノリ」とは——必読現代家族論。

河合隼雄著
こころの処方箋

「耐える」だけが精神力ではない、「理解ある親」をもつ子はたまらない——など、疲弊した心に、真の勇気を起こし秘策を生みだす55章。

斎藤　学著
家族依存症

いわゆる「良い子」、「理想的な家庭」ほど、現代社会の深刻な病理〝家族依存症〟に蝕まれている。新たな家族像を見直すための一冊。

夏樹静子著
心療内科を訪ねて
—心が痛み、心が治す—

原因不明の様々な症状に苦しむ人々に取材し、大反響のルポルタージュ。腰痛、肩こり、不眠……の原因は、あなた自身かもしれない。

茂木健一郎著
脳と仮想
小林秀雄賞受賞

「サンタさんていると思う？」見知らぬ少女の声をきっかけに、著者は「仮想」の謎に取り憑かれる。気鋭の脳科学者による画期的論考。

池谷孝司編著

死刑でいいです
—孤立が生んだ二つの殺人—
疋田桂一郎賞受賞

〇五年に発生した大阪姉妹殺人事件。逮捕された山地悠紀夫はかつて実母を殺害していた。凶悪犯の素顔に迫る渾身のルポルタージュ。

門田隆将著

なぜ君は絶望と闘えたのか
—本村洋の3300日—

愛する妻子が惨殺された。だが、犯人は少年法に守られている。果たして正義はどこにあるのか。青年の義憤が社会を動かしていく。

鹿島圭介著

警察庁長官を撃った男

2010年に時効を迎えた国松長官狙撃事件。特捜本部はある男から詳細な自供を得ながら、真相を闇に葬った。極秘捜査の全貌を暴く。

「新潮45」編集部編

凶悪
—ある死刑囚の告発—

警察にも気づかれず人を殺し、金に替える男がいる——。証言に信憑性はあるが、告発者も殺人者だった！　白熱のノンフィクション。

清水潔著

桶川ストーカー殺人事件
遺言

「詩織は小松と警察に殺されたんです……」悲痛な叫びに答え、ひとりの週刊誌記者が真相を暴いた。事件ノンフィクションの金字塔。

長谷川博一著

殺人者はいかに誕生したか
—「十大凶悪事件」を獄中対話で読み解く—

世間を震撼させた凶悪事件。刑事裁判では分からない事件の「なぜ」を臨床心理士の立場から初めて解明した渾身のノンフィクション。

NHK「東海村臨界事故」取材班

朽ちていった命
―被曝治療83日間の記録―

大量の放射線を浴びた瞬間から、彼の体は壊れていった。再生をやめ次第に朽ちていく命と、前例なき治療を続ける医者たちの苦悩。

河合香織著

セックスボランティア

障害者にも性欲はある。介助の現場で取材を重ねる著者は、彼らの愛と性の多難な実態を目撃する。タブーに挑むルポルタージュ。

佐藤健著

ホスピスという希望
―緩和ケアでがんと共に生きる―

「がん」は痛みに苦しむ怖い病ではありません。ホスピス医が感動的なエピソードを交え、緩和ケアを分かりやすく説くガイドブック。

柳田邦男著

「死の医学」への日記

医療は死にゆく人をどう支援し、人生の完成へと導くべきなのか？ 身近な「生と死の物語」から終末期医療を探った感動的な記録。

大津秀一著

死ぬときに後悔すること25

死を目前にした末期患者の後悔から「生き方」を学ぶ――。緩和医療医が1000人を超える患者の「やり残したこと」を25に集約。

永田和宏著

歌に私は泣くだらう
―妻・河野裕子 闘病の十年―
講談社エッセイ賞受賞

歌人永田和宏と河野裕子。限りある命と向き合い、生と死を見つめながら歌を詠んだ日々――深い絆で結ばれた夫婦の愛と苦悩の物語。

中川翔子編　にゃんそろじー

漱石、百閒から、星新一、村上春樹、加納朋子まで。古今の名手による猫にまつわる随筆・短編を厳選。猫好き必読のアンソロジー。

新潮文庫編集部編　あのひと
—傑作随想41編—

父の小言、母の温もり、もう会うことのない友人——。心に刻まれた大切な人の記憶を、万感の想いをもって綴るエッセイ傑作選。

太田和彦編　今宵もウイスキー

今こそウイスキーを読みたい。この琥珀色の酒を文人たちはいかに愛したのか。「居酒屋の達人」が厳選した味わい深い随筆&短編。

石原たきび編　酔って記憶をなくします

埼玉に帰るはずが気づいたら車窓に日本海。居酒屋のトイレで三点倒立。お巡りさんに求婚。全国の酔っ払いの爆笑エピソード集！

千松信也著　ぼくは猟師になった

山をまわり、シカ、イノシシの気配を探る。ワナにかける。捌いて、食う。33歳のワナ猟師が京都の山から見つめた生と自然の記録。

嵐山光三郎編　文人御馳走帖

『文人』シリーズの著者が、鷗外、子規から、宮沢賢治、檀一雄まで、食に拘る作家18人の小説と随筆34編を厳選したアンソロジー。

山本譲司著
累犯障害者
罪を犯した障害者たちを取材して見えてきたのは、日本の行政、司法、福祉の無力な姿であった。障害者と犯罪の問題を鋭く抉るルポ。

村上陽一郎著
あらためて教養とは
いかに幅広い知識があっても、自らを律する「慎み」に欠けた人間は、教養人とは呼べない。失われた「教養」を取り戻すための入門書。

美達大和著
人を殺すとはどういうことか
―長期LB級刑務所・殺人犯の告白―
果たして、殺人という大罪は償えるのか。人を二人殺め、無期懲役囚として服役中の著者が、自らの罪について考察した驚きの手記。

南直哉著
老師と少年
生きることが尊いのではない。生きることを引き受けるのが尊いのだ――老師と少年の問答で語られる、現代人必読の物語。

三浦朱門著
老年の品格
妻・曽野綾子、吉行淳之介、遠藤周作ら錚々たる友人たちとの抱腹絶倒のエピソードを織り交ぜながら説く、人生後半を謳歌する秘訣。

三木清著
人生論ノート
死について、幸福について、懐疑について、個性について等、23題収録。率直な表現の中に、著者の多彩な文筆活動の源泉を窺わせる一巻。

増田俊也著

木村政彦はなぜ力道山を殺さなかったのか（上・下）

大宅壮一ノンフィクション賞・新潮ドキュメント賞受賞

柔道史上最強と謳われた木村政彦は力道山との一戦で表舞台から姿を消す。木村は本当に負けたのか。戦後スポーツ史最大の謎に迫る。

松田公太著

すべては一杯のコーヒーから

金なし、コネなし、普通のサラリーマンだった男が、タリーズコーヒージャパンの起業を成し遂げるまでの夢と情熱の物語。

幕内秀夫著

粗食のすすめ

アトピー、アレルギー、成人病の蔓延。欧米型の食生活は日本人を果たして健康にしたのか。日本の風土に根ざした食生活を提案する。

松本　修著

全国アホ・バカ分布考

―はるかなる言葉の旅路―

アホとバカの境界は？　素朴な疑問に端を発し、全国市町村への取材、古辞書類の渉猟を経て方言地図完成までを描くドキュメント。

藤井直敬著

つながる脳

毎日出版文化賞受賞

壁にぶつかった脳科学に、真のブレークスルーはあるか。理研期待の若き俊英が、社会性を鍵に、脳そして心の核心に迫る刺激的論考。

福田ますみ著

でっちあげ

―福岡「殺人教師」事件の真相―

新潮ドキュメント賞受賞

史上最悪の殺人教師と報じられた体罰事件は、後に、児童両親によるでっちあげであることが明らかになる。傑作ノンフィクション。

「子供《こども》を殺《ころ》してください」という親《おや》たち

新潮文庫　お - 89 - 1

平成二十七年七月一日発行
平成二十八年一月三十日九刷

著者　押《おし》川《かわ》剛《たけし》

発行者　佐藤隆信
発行所　株式会社　新潮社
郵便番号　一六二―八七一一
東京都新宿区矢来町七一
電話　編集部（〇三）三二六六―五四四〇
読者係（〇三）三二六六―五一一一
http://www.shinchosha.co.jp

印刷・三晃印刷株式会社　製本・株式会社植木製本所

ISBN978-4-10-126761-6 C0195